Werte

Der Wandel sind wir

Anja Esser

Lektorat: Jenny Esser

Korrektorat: Svea Müller, text-satz-sieg.de

Druck: createspace.com

ISBN-13: 978-3-981-48842-5

WIDMUNG

Dieses Buch ist allen Menschen gewidmet, die an eine bessere Zukunft glauben und bereit sind sie zu gestalten.

INHALTSVERZEICHNIS

Kapitel		Seite
	Vorwort	1
1.	Wie schätzt man Werte?	4
2.	Wir tun es für Geld	17
3.	Ein erfolgreiches Leben	40
4.	Mythos Mangel	48
5.	Krise als Chance	66
6.	Natürliche Ökonomie	71
7.	Der Sündenfall – Die Etablierung einer Werteordnung	78
8.	Die Erlösung von Neid und Gier	85
9.	Wir ernten, was wir säen	95
10.	Schuld und Schulden	112
11.	Wie geht Teilhabe?	129
12.	Eigene Werte leben	141
13.	Wandel	147
14.	Inspirationsmodelle	158
15.	Ein Grundeinkommen als Zukunftsmodell?	169
16.	Dann macht doch, was Ihr wollt!	187
17.	Auf vielen Wegen in eine reiche Zukunft	210
Anhang	Bücherliste	215
	Über die Autorin	217

DANKSAGUNG

Es ist gar nicht möglich, all die Menschen namentlich zu erwähnen, die mich zu diesem Buch inspiriert und ermutigt haben. Wenn Sie zu denen gehören, die meinen Lebensweg kreuzten, mit mir über Wertvorstellungen, Träume und Realitäten sprachen, dann wissen Sie, dass ein kleines bisschen von Ihnen auch mit in diesen Seiten steckt. Danke für Ihren Beitrag!

Dennoch möchte ich ein paar Menschen namentlich nennen, weil sie ihre Fähigkeiten und Zeit aufgewendet haben, um mir auf ganz konkrete Weise bei der Realisierung dieses Buches zu helfen.

Mein besonderer Dank geht an:

Carola Bosse und Annegret Herrmann für einen riesigen Sack gefüllt mit Punkten, Kommas, Herz und Ermutigung.

Pia Schüffelgen für ihre Unterstützung und ihr sprachliches Feingefühl.

Jenny Esser für den nicht einfachen Job der Fehlersuche. Du bist manchmal meine größte Herausforderung, aber stets meine größte Liebe.

Und nicht zuletzt ein großes Dankeschön an Markus Esser, ohne den es dieses Buch wahrscheinlich nicht geben würde.

Vorwort

In ihrem innersten Kern ist die Finanzkrise eine Wertekrise. Solange deren Ursachen nicht beseitigt sind, ist eine dauerhafte Heilung nicht möglich.

Wirtschaft ist das sichtbare Ergebnis all unserer Handlungen. Die Werte, an die wir glauben, bestimmen wiederum, wie wir denken und handeln. Gemeinsam, durch die Summe aller Menschen, entstehen auf diese Weise unsere Wirtschaft und unser gesamtes Gesellschaftssystem.

Das ist die schlechte Nachricht.

Es ist zugleich auch die gute Nachricht.

Wir alle erschaffen gemeinschaftlich unser Finanzsystem und unsere soziale Ordnung. Wenn die dort bestehenden Muster uns nicht dienen, können wir eine Änderung herbeiführen, indem wir andere Informationen in das herrschende System einspeisen. Wenn wir ein Finanzsystem wollen, das den Menschen dient statt umgekehrt, dann müssen wir uns klar machen, wo unsere eigenen persönlichen Werte liegen und diese in unserem Handeln ausdrücken.

Solange wir den Alphatieren folgen, solange wir anderen erlauben, uns zu dominieren und zu übervorteilen, solange bestimmen diese, nach welchen Werten wir zu leben haben. Wenn wir uns selbst für bedeutungslos halten, geben andere den Ton an. Wir überlassen ihnen die Macht und meist nutzen sie diese für eigene Ziele, statt für das Gemeinwohl.

Politiker und Wirtschaftsbosse setzen Ursachen und das Volk hat deren Ergebnisse zu tragen. Das funktioniert aber nur, solange die Menschen nicht selbst bestimmen, wie sie leben wollen. Wir haben so lange daran geglaubt, dass andere besser wissen, was gut für uns ist, dass es für uns normal war, nach fremden Werten zu leben.

Wenn wir Linsen säen, werden wir keine Chilis ernten. Wir müssen neue Ursachen setzen, wenn wir neue Ergebnisse haben wollen. Und mit „wir" meine ich Sie und mich. Wir müssen nur mal schnell die Welt retten. Glücklicherweise sind wir nicht nur zwei, sondern sehr, sehr viele.

Denn wir sind nicht nur das Volk – wir sind auch die Wirtschaft!

In diesem Buch stelle ich die Sichtweise der Ohnmacht infrage. Auch wenn jeder von uns nur ein Tropfen im Ozean ist, besteht der Ozean zugleich aus genau diesen Tropfen. Jeder von ihnen trägt zum Geschmack des Ozeans bei. Ohne sie würde es das Meer gar nicht geben. Und ohne uns würde es keine Wirtschaft und keine Staaten geben.

Ich nehme einige unserer grundlegenden Werte unter die Lupe und zeige die Verknüpfung zwischen diesen und den daraus entstehenden Ergebnissen auf.

Im Anschluss biete ich Ihnen Alternativen an und zeige anhand von bereits existierenden Beispielen, wie wir das leben können, was für uns wirklich Wert besitzt.

Bei der Suche nach möglichen Antworten auf unsere aktuellen Probleme bin ich zum einen darauf gestoßen, dass es ein System gibt, das seit vielen Jahrmillionen erfolgreich arbeitet, ohne dass ein Ende in Sicht wäre. Da wir Teil von ihm sind, kann es nur von Nutzen sein, von dessen Strategien zu lernen. Auf diese Weise können wir die Krise zu einer Chance für uns alle machen.

Zum anderen entdeckte ich, dass es bereits Anzeichen des gerade stattfindenden Wandels gibt. Wenn man nicht nach ihnen sucht, könnte man sie glatt übersehen. Der Wandel wird nicht von einer Institution eingeführt und von keinen Autoritäten vorgegeben, deswegen hört man in den Medien nichts davon. Der Wandel ist nicht organisiert, sondern entsteht ganz organisch dort, wo er nötig ist. Aus dem täglichen Leben heraus, an vielen verschiedenen Orten und auf viele verschiedene Arten sind Menschen dabei, das zu leben, was sie glücklich macht. Sie warten nicht auf Anweisungen, sondern leben, was ihnen dient. Sie strafen den Sozialdarwinismus Lügen, indem sie Wertschätzung und Teilhabe als Grundlage ihres Handelns setzen statt Kampf und Ausbeutung.

Ich möchte Sie einladen, mich auf den folgenden Seiten zu begleiten und sich inspirieren zu lassen, wie Sie ein reiches und zugleich erfülltes Leben für sich realisieren können.

KAPITEL 1

WIE SCHÄTZT MAN WERTE?

„Heutzutage kennen die Leute von allem den Preis, aber von nichts den Wert." (Oscar Wilde)

Wir alle schätzen ständig, was eine Sache wert ist. Was es uns nicht wert ist, dafür rühren wir keinen Finger. So einfach ist es. Wenn Sie das verstehen und mit offenen Augen Ihr eigenes Handeln und das anderer Menschen betrachten, wissen Sie im Prinzip alles, was Sie über Handel wissen müssen.

Dabei sind unsere inneren Wertmaßstäbe die Motivatoren für unser äußeres Handeln und bringen reale, messbare Ergebnisse hervor. Was Sie persönlich motiviert und antreibt, ist der Schlüssel zu Ihren Handlungen. Entlarvenderweise lassen Ihre Handlungen somit aber auch sehr deutliche Rückschlüsse auf Ihr inneres Wertesystem zu.

Oha, werden Sie vielleicht denken und sich ertappt

fühlen. Entspannen Sie sich. Ich bin nicht hier, um Sie anzuklagen, denn ich bin selbst kein bisschen besser als Sie. Auch sind mir bisher noch keine Heiligen begegnet. Alle, die Heilige zu sein schienen, waren dieses eben auch: Scheinheilige nämlich.

Vielleicht werden Sie einwenden, dass Sie beim Handeln leider das Problem haben, dass Sie sich Ihr Geld zum Handeln erst verdienen müssen. Letztlich hat dieses Problem aber jeder.

Ein Kollege von mir spaßt gerne, er wisse, was er verdiene, aber leider würde ihm das keiner bezahlen. Mit dieser Meinung steht er bestimmt nicht alleine da. Was wir als gerechten Lohn ansehen und was wir erhalten, geht oft weit auseinander. Und es hängt stark von unserer jeweiligen Perspektive ab, was wir meinen zu verdienen.

Wie wir immer wieder sehen werden, ist unsere Sprache oftmals sehr viel deutlicher, als wir es uns bewusst machen. Werte können sowohl ideeller als auch materieller Natur sein. Sie werden feststellen, dass hier ein direkter Zusammenhang besteht. Finanzielle Werte stehen im direkten und ursächlichen Zusammenhang zu unseren ideellen Werten. Unser Handeln und der Handel sind eng miteinander verknüpft usw.

Auch das Wort „Verdienst" ist sehr eindeutig: Ich diene, ich erhalte Geld dafür, dass ich anderen einen Dienst erweise. Unserem Gerechtigkeitsgefühl nach, wie ja bereits von meinem Kollegen so treffend ausgedrückt, müsste unser Verdienst mit dem Nutzen zusammenhängen, den wir erbringen.

In sehr vielen Fällen wird dies aber genau so nicht sein.

Dafür gibt es auch wieder eine Menge Gründe.

Sehr häufige Ursachen:

a. Derjenige, der von Ihren Waren und Dienstleistungen profitiert, ist sich des Wertes Ihres Dienstes gar nicht bewusst. Er denkt nicht darüber nach, weil es für ihn selbstverständlich ist und/oder er diesen Dienst jederzeit auch von anderen günstig erhalten kann.

b. Falls Ihr Wert durchaus gesehen wird, Sie aber Angestellter sind, kann es sein, dass Ihr Arbeitgeber das bekommt, was eigentlich Sie verdienen. Ihnen reicht er nur einen kleinen Anteil am Kuchen weiter. Je nachdem, wie groß die Kluft zwischen dem, was Sie einbringen, und dem, was er Ihnen weitergibt, ist, bemisst sich der Grad Ihrer Unzufriedenheit.

Bei a fehlt die Wertschätzung und bei b mangelt es an Teilhabe. Beides sind Schlüsselwerte für ein gerechtes Wirtschaftssystem.

Die meisten von uns, egal ob Angestellte oder Selbstständige, verdienen ihr Geld, indem sie sich und ihre Fähigkeiten gegen eine Geldzahlung zur Verfügung stellen.

Das ist ein ganz normaler Vorgang. Es ist die verbreitetste Lebensform, mittels der Vermietung unserer Fähigkeiten dafür zu sorgen, dass wir Essen, Unterkunft und Kleidung erarbeiten.

Gegen diese Art des Einkommens ist erst einmal nichts einzuwenden. Wenn Sie wirklich frei wählen können, an wen und zu welchen Bedingungen Sie sich vermieten.

Im Zusammenhang mit dem Verdienst entstehen an dieser Stelle drei Fragen, denen wir uns widmen werden.

1. Verdiene ich, was ich verdiene?
2. Bin ich frei, meine Arbeit zu wählen?
3. Arbeit = Geld. Stimmt das denn?

1. Verdiene ich, was ich verdiene?

Einige von Ihnen werden bereits schon beim Wort „dienen" Bauchschmerzen bekommen. Das klingt doch gar zu sehr nach Fron und Untertanentum. Das klingt nicht nur so, in vielen Fällen ist es das auch. Jeder hat im Laufe des Lebens viele Menschen kennengelernt, die ihr Einkommen unter schwierigen und harten Bedingungen erarbeiten. Viele der Betroffenen sind dabei auch der Ansicht, keine großen Alternativen zu besitzen. Die Ursachen können vielfältig sein. Wenig Arbeitsplätze in ihrer Sparte, geringe räumliche Mobilität oder andere, persönliche Einschränkungen verringern für nicht wenige Menschen die Möglichkeit, eine echte Wahl zu treffen. Wenn Sie zu diesen Menschen gehören, dann hat das Wort „Verdienst" für Sie vielleicht einen unangenehmen Beigeschmack bekommen.

Damit wir uns an dieser Stelle nicht missverstehen: Dienen ist an und für sich nichts Schlechtes. Im Gegenteil. Für andere Menschen einen Nutzen zu haben, gibt unserem Leben einen Sinn und Wert. Ich hoffe zum Beispiel, mit diesem Buch Ihnen, liebe Leser, einen guten Dienst zu erweisen und damit der Gesellschaft und dieser Welt zu dienen. Aber ich habe mich bewusst entschieden, als Autorin zu arbeiten. Diese bewusste und freie Wahl ist hier der entscheidende Unterschied, ob das Dienen glücklich oder unglücklich macht.

Und wie sieht das bei Ihnen aus? Haben Sie Ihre Arbeit frei gewählt? Wodurch verdienen Sie Ihren Verdienst?

2. Bin ich frei, meine Arbeit zu wählen?

Ein ganz entscheidender Faktor bei der Freiheit der Wahl sind unsere persönlichen Befähigungen. Was können wir?

Wer aus einer bildungsfernen Familie kommt, hat hier von Anfang an bereits schlechte Voraussetzungen. Wenn die

Eltern keine gute Schulbildung hatten, dann sind die Startbedingungen für deren Kinder schon einmal um einiges schlechter. Ja, auch hier in Deutschland.

Nach einer OECD-Studie aus dem Jahr 2012 liegt in Deutschland die Quote der 25- bis 34-Jährigen, deren Bildungsabschluss den der Eltern übersteigt, bei gerade einmal 20 Prozent. Dagegen haben 22 Prozent sogar einen niedrigeren Bildungsabschluss als ihre Eltern. Insgesamt steigen also mehr Kinder gegenüber ihren Eltern ab als auf.

Damit bewegt sich das wohlhabende Deutschland gegen einen ansonsten weltweiten Trend, bei dem die Kinder höhere Bildungsabschlüsse als ihre Eltern vorweisen können.

Die gleiche Studie stellt auch einen deutlichen Zusammenhang zwischen einem hohen Bildungsstand und guten Arbeitschancen her. Es werden immer höhere Bildungsabschlüsse für Ausbildungsberufe und Anstellungen seitens der Wirtschaft angefordert. Wenn nur 20 Prozent der jungen Generation diese vorweisen können, ist es für den Großteil von ihnen schwierig, regelmäßig einer Beschäftigung nachzugehen, die sie ausreichend versorgt.

Natürlich kann ein Mensch ohne einen höheren Schulabschluss dennoch sehr viele wertvolle Fähigkeiten besitzen. Wichtig ist jedoch, dass er sich ihrer bewusst ist, dass er von seiner Umgebung gefördert und unterstützt wird.

Wenn auch dies nicht der Fall ist, wird dieser Mensch die Kraft dazu aus sich allein heraus entwickeln müssen. Dafür bedarf es einer Menge Ehrgeiz und Disziplin. Diese Menschen bieten den Stoff für die „Vom Tellerwäscher zum Millionär"-Geschichten. Es gibt sie immer wieder, aber sie wären nicht erzählenswert, wären sie nicht so selten.

Das ist die persönliche Seite der Befähigung. Auch hier hat die Umgebung bereits eine Rolle gespielt. Oft erlebt man jedoch, dass die Befähigungen da sind, aber leider kein passendes Umfeld. Sprich: Es sind nicht genug Jobs da.

Aktuell ist dies in den Ländern der Fall, die unter den Folgen der Wirtschaftskrise besonders leiden. In Spanien herrscht z. B. eine solch hohe Arbeitslosigkeit, gerade auch unter den jungen und leistungsfähigen Menschen, dass viele von ihnen Arbeiten annehmen, in denen sie ihre Ausbildung und Befähigungen gar nicht ausleben können. Juristen, die putzen gehen, und Sekretärinnen, die als Fabrikarbeiterinnen in Deutschland anheuern, sind keine Seltenheit.

Aber auch in unserem Land, das mit einem blauen Auge die Wirtschaftskrise überstand, erleben wir dieses Phänomen. Stichwort: Generation Praktikum. Wir haben eine Masse an gut ausgebildeten, motivierten jungen Menschen, die ihre Befähigungen zeitweise für einen Hungerlohn anbieten. Langfristig besitzen diese immerhin noch Chancen auf ein angemessenes Einkommen. Dennoch sind sie bis weit ins Erwachsenenalter auf zusätzliche Einkommensquellen, wie Zweitjobs oder Unterstützung durch die Eltern, angewiesen.

Diejenigen, die direkt aus der Schule ins Berufsleben starten, verdienen früher Geld. Allerdings haben sie langfristig schlechtere Aussichten auf eine dauerhafte Anstellung und gute Verdienstmöglichkeiten. Immer wenn Arbeitsplätze Mangelware sind, ist die eigene Wahl eingeschränkt.

3. Arbeit = Geld. Stimmt das denn?

Wie wir an den angeführten Beispielen bereits gesehen haben, stimmt es nicht. Viele Menschen werden für Arbeiten, die dem Arbeitgeber durchaus Gewinn einbringen, nur unzureichend bezahlt. Angebot und Nachfrage. Die Menschen brauchen den Arbeitsplatz, folglich kann der Arbeitgeber die Bezahlung diktieren.

Wussten Sie, dass stets nur zwischen 30 und 40 Prozent aller Menschen einer Erwerbsarbeit nachgehen? Der Rest sind Kinder, Rentner, Kranke, Arbeitslose, Hausfrauen, Studenten etc.

Das ist ein interessanter Faktor. Die 30 bis 40 Prozent der Bevölkerung, die einer Arbeit als Arbeitnehmer oder Selbstständiger nachgehen, ernähren 100 Prozent der Bevölkerung. Zumindest aus der Geldperspektive betrachtet.

Diesen Umstand machen wir uns viel zu wenig bewusst. Das liegt daran, dass die Umverteilung oft nicht direkt erfolgt. Wenn ein Alleinverdiener für die komplette Familie aufkommt, ist das allen Beteiligten klar. Zum Großteil erfolgt die Umverteilung aber durch Sozialversicherungsbeiträge und durch Steuern. Da wir die Menschen, die dieses Geld bekommen, nicht persönlich kennen, zahlen wir diese Beiträge auch ungern. Die meisten zumindest zahlen sie widerstrebend. Wenn wir selbst entsprechende Mittel benötigen, sind wir jedoch sehr froh, dass es diese Quellen gibt.

Ein Dilemma entsteht in unserer Gesellschaft nun dadurch, dass wir Menschen, die Geld verdienen, wertschätzen, diejenigen, die Geld kosten, aber nicht. Das stammt noch aus der Generation der Eltern oder Großeltern: Vati hat gearbeitet, also bekommt er das größte Stück Fleisch. Viele ältere Menschen haben dieses Beispiel noch direkt erlebt, das dahinterstehende Denkmuster beherrscht uns alle jedoch bis heute.

Ausgerechnet der ehemaligen Bundesminister für Arbeit und Soziales, Franz Müntefering, war es, der diese Einstellung auf den Punkt brachte: „Wer nicht arbeitet, soll auch nicht essen", zitierte er aus der Bibel. Damit stellte er sowohl dem Christentum als auch den Sozialdemokraten ein schlechtes, aber sehr deutliches Zeugnis aus. Da grinst uns unsere bürgerliche Werteordnung entgegen, die wir so unreflektiert anerzogen bekommen und die wir selbst viel zu selten hinterfragen.

Wir können froh darüber sein, dass dessen ungeachtet Münteferings Mutter, die als Hausfrau die Familie versorgte, nicht verhungern musste. Denn gearbeitet hat sie ganz bestimmt viel und hart, nur ging sie eben keiner Erwerbsarbeit nach.

Und das ist der ganz entscheidende Unterschied in unserer Wertschätzung. Ein Unterschied, der ausschließlich in unseren Köpfen existiert und der völlig abwegig ist, da die Mehrheit aller geleisteten Arbeit nicht bezahlt wird.

Wenn Sie es nicht glauben, dann schauen Sie doch mal in Ihrer eigenen Biografie nach und beobachten Sie Ihren Alltag versuchsweise eine Weile.

Wahrscheinlich haben Sie mindestens neun Jahre lang die Schule besucht. Damit haben Sie Ihren Job als Kind gemacht. Vielleicht manchmal unwillig, aber Sie haben getan, was die Gesellschaft von Ihnen erwartete. Bezahlt wurden Sie nicht, andere Menschen sind für Ihre Kleidung, Ihre Unterkunft, Verpflegung etc. aufgekommen.

Danach haben Sie vielleicht noch einen Wehrdienst, Zivildienst oder ein freiwilliges soziales Jahr absolviert. Vielleicht haben Sie aber auch den Pool an qualifizierten Fachkräften durch eine Ausbildung oder ein Studium erhöht. Wurden Sie dafür bezahlt? Wahrscheinlich nicht und selbst wenn Sie bezahlt wurden, waren Sie nebenher auf Nebenjobs, Ihre Eltern oder staatliche Zuschüsse angewiesen.

Aber auch wenn Sie Ihren Lebensunterhalt aktuell mit einer Erwerbstätigkeit selbst erarbeiten, leisten Sie aller Wahrscheinlichkeit nach immer noch eine Menge Arbeit, für die Sie nicht bezahlt werden. Zuerst einmal kümmern Sie sich um Ihren Haushalt. Dieser verursacht Arbeit, für die Sie nicht bezahlt werden. Es ist in Ihrem Sinne und zum Nutzen der gesamten Gesellschaft, wenn Sie für einen gewissen Standard an Hygiene in Ihrer Umgebung sorgen. Wer hat schon gerne eine Müllkippe in der Nachbarwohnung, inklusive der Geruchsbelästigung und Wanderungen an kleinen Tieren?

Zugegeben, der Arbeitsaufwand beim Haushalt ist von hohem Eigennutz getragen, aber dennoch verrichten wir haufenweise unbezahlte Arbeit, mit der wir der Gesellschaft dienen, ohne etwas zu verdienen. Zumindest in Geld gerechnet. Wir fegen die Straße vor unserem Haus, bringen der kranken Nachbarin frisches Brot mit, stricken den Enkeln eine Mütze, verfassen Gedichte und stellen diese, vielleicht samt selbst gemachter Fotos, ins Internet, wir betreuen im Sportverein die Sommerspiele, backen Kuchen für ein Vereinsfest, helfen dem Kumpel beim Erstellen seiner Bewerbungsunterlagen, flechten der Freundin Zöpfe ins Haar. Deren Sohn erklären wir dann noch Gleichungen mit zwei Unbekannten und fragen bei der eigenen Tochter Vokabeln ab. Für all das werden wir nicht bezahlt, dennoch ist all das Arbeit.

Es ist eigentlich verdammt schwer, arbeitslos zu sein. Nicht bezahlt zu werden, ist hingegen ein Kinderspiel.
Es gibt gar keine Menschen, die gar nicht arbeiten. Wir alle leisten eine Menge. Arbeitslosigkeit müsste eigentlich in Lohnlosigkeit umgetauft werden. Eine Menge Menschen leisten vieles, was unsere Welt bereichert, wofür aber niemand zahlt. Menschen, die unter einem geringen Selbstwertgefühl leiden, sollten einmal für vier Wochen aufschreiben, was sie alles an Arbeiten verrichten. Sie werden schnell erkennen: Jeder von uns hat einen Nutzen in dieser Welt. Wir alle dienen dem Ganzen. Wir alle ziehen

Nutzen aus der Arbeit anderer, oftmals oder sogar gerade aus kostenlos erbrachter Arbeit.

Die Verknüpfung zwischen Arbeit und Einkommen ist irreführend.

Wie kommt es eigentlich, dass ein Großteil der Menschen in Armut lebt? Ist diese Tatsache ein Beleg dafür, dass das Leben nun mal Kampf bedeutet? Nein, es ist ein Anzeichen einer kollektiven Geisteserkrankung namens Gier. Angst und Gier sind die Ursache dafür, dass die Besitzenden die Besitzlosen nicht teilhaben lassen wollen. Und woran das liegt, wird in den folgenden Kapiteln klar werden. Ich möchte noch einmal betonen, dass es dabei nicht um eine Anklage geht, denn diese wäre selbstgerecht. Wir alle sitzen im Glashaus, Steine zu werfen bringt uns da nicht weiter.

Stattdessen geht es mir um eine glasklare Benennung und die Ursachensuche. Erst wenn diese stattgefunden hat, wird für uns eine andere Wahl – und somit ein Ausweg – möglich sein.

Am ungerechtesten erscheint die Welt denjenigen, die wenig oder keine Wahl zu haben scheinen. Für gewöhnlich sind dies zugleich auch diejenigen mit dem geringsten Einkommen.

Mangel leidet, wer keine Möglichkeiten zum Wirtschaften hat oder wer diese nicht wahrnimmt. Das ist die Regel. Aber kann ein Wirtschaftssystem, das die meisten Leute nicht einmal teilnehmen lässt, denn wirklich einem Zustand geistiger Gesundheit entspringen? Ein System, das Wohlstand für wenige und Mangel für die meisten erschafft, ist wider das Leben selbst gerichtet. Aus diesem Grund kann es nicht langfristig erfolgreich sein.

Gegen den Großteil der Menschheit weltweit sind selbst die Ärmsten in Deutschland immer noch wohlhabend – so erschreckend dies ist.

Wie kann es sein, dass das Pro-Kopf-Einkommen in Bangladesch im Jahr 2011 laut Auswärtigem Amt gerade einmal 770 US-Dollar betragen hat? 770 Dollar im ganzen Jahr! Haben Sie gesehen, unter welchen erbärmlichen Umständen Menschen gezwungen sind zu leben und zu arbeiten, damit unsere Kleidungsstücke zu Spottpreisen produziert werden können? Der Bevölkerung in diesen Ländern bleibt nichts anderes übrig, wenn sie denn nicht verhungern will, als unter menschenunwürdigen Bedingungen zu leben und zu arbeiten.

All dies, damit unsere T-Shirts billig hergestellt werden können. Diese nicht im Discounter, sondern in teureren Läden zu kaufen, verhindert leider dennoch nicht mit Sicherheit weitere Brandopfer in Textilfabriken. Politisch korrekt zu handeln ist leider nicht einfach. Eventuell erhöht man auch nur die Gewinnspanne des Handels, anstatt die Arbeitsbedingungen in den Herstellerländern zu verbessern.

Wer jetzt denkt, die Menschen am anderen Ende der Welt gingen ihn nichts an, erliegt einem Fehlgedanken. Dass Handel und Wirtschaft weltweit stattfinden, lässt sich nicht mehr rückgängig machen. Dank der schnellen Beförderungszeiten kann jeder Unternehmer jederzeit seine Produktion ins Ausland verlagern, wenn ihm das wirtschaftlich sinnvoll erscheint. Langfristig konkurrieren wir alle mit Bangladesch und China auf dem globalen Markt. Globalisierungsgegner zu sein ist zwar eine nachvollziehbare Einstellung, jedoch ist sie völlig überholt, denn sie ändert nichts mehr an den geschaffenen Realitäten. Dies bedeutet, über verschüttete Milch zu jammern. Die Uhr lässt sich nicht mehr zurückdrehen, denn die Globalisierung ist bereits eine Tatsache. Wie wir diese zu gestalten gedenken, lässt sich aber durchaus noch beeinflussen. Denn wir exportieren den Kapitalismus nicht nur, wir werden ihn auch ernten. Deshalb ist es dringend Zeit, ihn zu verbessern, damit seine Früchte nicht zu giftig werden.

Noch geht es uns aber immer besser, unser Reichtum wächst und wächst immer weiter, mag man denken. Aber das stimmt nicht!

Wussten Sie, dass das Realeinkommen von Arbeitnehmern, also das, was uns wirtschaftlich zur Verfügung steht, in Deutschland 2011 niedriger war als 1990? Das belegen Auswertungen des Statistischen Bundesamtes. Wenn Sie hier einen geistigen Realitätscheck durchführen, fallen Ihnen wahrscheinlich einige Beispiele aus Ihrem Bekanntenkreis ein, die diese Statistik bestätigen.

Ich kenne mehrere Menschen, die seit vielen Jahren für die gleiche Firma arbeiten und, teilweise sogar mehrfach, von ihren Arbeitgebern gezwungen wurden, für niedrigere Löhne zu arbeiten. Das Arbeitsaufkommen und die Komplexität ihrer Tätigkeit stiegen gleichzeitig sogar noch an. Hätte jemand für mehr Arbeit, die auch noch schwieriger zu verrichten ist, nicht verdient, auch mehr Lohn zu erhalten?

Oft erfolgen solche Lohnkürzungen scheibchenweise und durch die Hintertür. Die Wochenarbeitszeit wird angehoben. Urlaubs- und Weihnachtsgeld oder sonstige Vergünstigungen werden gestrichen. Innerhalb von wenigen Jahren geht auf diese Weise so einiges an Einkommen verloren.

Wer jetzt antwortet, die Betroffenen seien nicht gezwungen worden, diese Konditionen anzunehmen, verkennt aber ganz gewaltig die Realitäten in diesem Land. Wer Gehaltskürzungen nicht hinnehmen will, hat nur die Wahl, sich zu weigern und somit arbeitslos zu werden. Solche Zustände sind im wahrsten Wortsinne „Lohnsklaverei", weil der Arbeitnehmer faktisch vom

Arbeitgeber genötigt und erpresst wird.

Denn wie sieht die Alternative aus? Wer seinen Job auf diese Weise verliert, indem er sich eben nicht zwingen lassen mag, für weniger Geld zu arbeiten, hat dann unter Umständen auch noch ein Problem seitens der Arbeitsagentur am Hals. Diese verhängt bei einem selbst verursachten Arbeitsplatzverlust eine „Sperre" von drei Monaten. Drei Monate ohne Einkommen bedeutet für die meisten Menschen, dass sie ihr Dach über dem Kopf verlieren und ins völlige soziale „Aus" stürzen würden.

In einem Gangsterfilm wäre der Arbeitgeber ein Mafioso und die Arbeitsagentur der bedrohliche Schlägertrupp. Es ist aber kein Gangsterfilm, sondern das Unrecht ist per Gesetz legalisiert und institutionalisiert. Recht und Gerechtigkeit sind eben zwei Paar Schuhe.

In der Summe geht es den Deutschen im internationalen Vergleich aber immer noch blendend gegenüber anderen Nationen. Zumindest materiell gesehen. Interessanterweise sind wir materiell zwar reicher, aber keinesfalls glücklicher als andere Nationen. Woran liegt das?

KAPITEL 2

WIR TUN ES FÜR GELD

„Wenn ein Mensch behauptet, mit Geld lasse sich alles erreichen, darf man sicher sein, daß er nie welches gehabt hat." (Aristoteles Onassis)

Viele Menschen gehen treu und brav ihrer Arbeit nach, zahlen ihre Steuern und Sozialabgaben, verhalten sich weitgehend sozialverträglich und gesetzeskonform.

Und was erwartet uns dafür? Was bekommen wir im Gegenzug? Wir sichern unser Überleben. Wir haben einen Fernseher, Nahrung im Kühlschrank und ein Dach über dem Kopf. Im Vergleich zu anderen Ländern und zu unseren Vorfahren ist das ein echtes Luxusleben. Wieso sind viele Menschen dennoch nicht zufrieden? Wir bemessen Wohlstand an materiellem Besitz. Unbewusst spüren wir jedoch, dass dies nicht genügt. Die Menschen sehen, wie ihre Lebenszeit verrinnt, verlieren Jobs, in denen sie ihre Energie und Jugend gelassen haben, um einer ungewissen

Zukunft entgegenzusehen, und wenn sie die Zeitungen aufschlagen, grinst ihnen von dort das bedrohliche Gespenst der Altersarmut entgegen.

Die junge Generation dagegen braucht unsere Unterstützung bis in die mittleren Jahre, weil sie wiederum als „Generation Praktikum" bestens ausgebildet in klingenden Berufen für ein Butterbrot schuftet und bereits heute ausrechnen kann, dass sie auf eine ausreichende Rente gar nicht zu hoffen braucht.
Zugleich scheint es sehr vermessen, sich zu beschweren, denn in Deutschland und in den anderen Industriestaaten gehören wir zu den wenigen Menschen auf diesem Planeten, denen es materiell gut geht.

Aber was bedeutet „gut gehen" denn eigentlich?
Laut der UN hatten 1,3 Milliarden Menschen im Jahr 2010 nicht einmal Zugang zu sauberem Trinkwasser.
In den Industrienationen jammern wir also einerseits auf hohem Niveau. Bedeutet das andererseits, dass wir kein Recht haben, uns zu beschweren? Sollen wir uns nach dem schlimmst möglichen Zustand richten? Das entspricht nicht der menschlichen Natur, die eigentlich immer nach einer Verbesserung von Zuständen strebt. Wir werden immer jemanden finden, dem es schlechter geht als uns. Im Gegensatz zu allem, was uns moralkeulenschwingende Gutmenschen vermitteln wollen, helfen wir der Welt nicht, indem wir uns am schlechtest möglichen Zustand orientieren. Wir helfen uns und der Welt, indem wir uns verbessern. Indem wir Dinge wie ein Grundrecht auf sauberes Trinkwasser, das Recht auf Sicherheit an Leib und Leben zu unser aller Maßstab und Ziel machen.

Und hier, in den Industrienationen, wieso geht es uns denn immer noch nicht gut? Welche unserer Bedürfnisse haben wir übersehen, dass so viele Menschen dennoch unglücklich sind? Wieso bringen sich in Ländern wie Deutschland oder Norwegen laut der gleichen Studie der UN dreimal so viele Menschen um wie in Guatemala?

Die Antwort ist: Es liegt am Wert, den wir den Dingen geben und den sie für uns haben. Den Wert einer Sache berechnen wir in erster Linie in Geld.

Dabei ist Geld ein Umweg. Der wahre Wert, den wir anstreben, steckt in dem, wofür wir das Geld haben wollen.

„Glücklich sein" ist für viele Menschen ein hoher Wert. Wir versuchen oft dieses Glück zu erkaufen, aber das gelingt uns nur begrenzt.

Genau genommen besitzt Geld für sich nicht einmal einen echten Wert. Geld ist bedrucktes Papier. Seinen Wert erhält es erst durch unseren Glauben daran, dass wir es jederzeit in die Dinge eintauschen können, die wir brauchen oder wollen. Heutzutage ist Geld nicht einmal mehr unbedingt bedrucktes Papier, sondern eine Buchungszeile, abgespeichert in einem Rechenzentrum. Virtuelles Geld, an dessen wahren Wert wir glauben. Geld regiert die Welt, heißt es, und es ist wahr, dass ein Mensch ohne Geld in der modernen Welt nur schwer auf Dauer existieren kann. Viele würden für Geld töten, aber genau genommen geht es nicht um das Geld selbst, sondern es steht für das, was wir mit dessen Hilfe erwerben wollen.

Der eine verspricht sich Sicherheit von Geld, ein anderer Freiheit und die Möglichkeit, die Welt zu bereisen. Und der nächste verbindet damit Status und Anerkennung. Es lohnt sich, darüber nachzudenken, welcher Wert wirklich hinter dem eigenen Streben nach Geld steht. Wofür wollen Sie das Geld? Es ist sehr wichtig, sich dies bewusst zu machen und zu erkennen: Was ist es, das für Sie wirklich Wert besitzt?

Behalten Sie diesen Gedanken im Hinterkopf, wir kommen später noch auf diesen Punkt zurück.

Viele Leute setzen Geld auch mit negativ besetzten Werten gleich. Sie verbinden Geld mit Dingen wie Gier und Neid. Auch damit beschäftigen wir uns noch eingehender. Wichtig ist an dieser Stelle zu verstehen, dass es nicht das Geld ist, das uns glücklich oder unglücklich macht. Geld ist ein Mittler und wir geben ihm seine Bedeutung. Welche Bedeutung wir ihm geben, wird durch unser inneres Wertebild bestimmt. Die wenigsten wählen dieses Wertebild bewusst, meist wird es durch unsere Erziehung und unsere Umgebung geprägt.

Geld kann uns also nur indirekt glücklich machen. Geld ist ein Umweg. Forschungen haben zum Beispiel erwiesen, dass Geld uns dann glücklich macht, wenn wir davon mehr besitzen als unsere Umgebung. Mit dem Geld, das Sie besitzen, wären Sie also in einem armen Land wahrscheinlich sehr viel glücklicher als in Deutschland. Irgendwie ist dies auch logisch. In einem reichen Land wie Deutschland arm zu sein, bedeutet, dass das Ticket für eine Fahrt mit öffentlichen Verkehrsmitteln eine finanzielle Belastung sein kann. Wenn die Nachbarn Audi, Mercedes und BMW fahren, schmerzt dieser Umstand mehr als in einem Land, in dem sowieso alle zu Fuß oder mit Eselskarren unterwegs sind. Logisch betrachtet müssten unsere Rentner alle ihre Rente in einem armen Land genießen, damit sie sich reicher und glücklicher fühlen.

Menschen, denen die Tauschfunktion des Geldes bewusst ist, versuchen oft, ihr Geld in Waren mit mehr Substanz anzulegen. Gold oder Immobilien sind hier z. B. beliebt. Auch solche Geldanlagen bieten keine absolute Sicherheit, wie die geplatzte Immobilienblase in den USA zeigt, die die

Wirtschaftskrise 2008 auslöste. Auch bei Immobilien gilt, dass es unser Glaube an den Wert ist, der diesen erschafft. Wenn wir diesen Glauben verlieren, stürzt der Preis für das Wirtschaftsgut, in das wir investiert haben.

Sobald also dieser Glaube an den Wert nicht mehr gegeben ist, entsteht eine Krise, weil die Anleger alle sofort versuchen, ihre Sachwerte loszuwerden, sobald deren Preis sinkt. Damit fallen die Preise dann noch mehr. Insofern erzeugt die Angst vor einer Krise diese oft erst. Auch wenn es scheinen mag, als ob unsere Finanzen ein Gebiet für sachliche Rechner seien, regiert hier in Wahrheit oft die Psychologie. In Krisen machen die wirklich kühlen, abgeklärten Köpfe die geringsten Verluste.

Die soliden, ganz realen Werte bleiben bestehen, auch wenn ihr Kurs erst einmal eine Weile fällt. Was platzt, sind illusorische Blasen. Aber auch wenn Aktienkurse fallen und die Staatsanleihen in die Knie gehen, wachsen in Griechenland weiter Oliven, vergessen Elektriker nicht über Nacht, wie man Leitungen verlegt und Gebäude und Maschinen lösen sich auch nicht einfach in Luft auf. Gegen Ängste vor Krisen helfen möglichst realisierbare Werte, ein kühler Kopf und Geduld.

Ein Problem besteht darin, dass viele unserer heutigen Finanztransaktionen nur noch aus Luftnummern bestehen. An der Börse gibt es Wetten darauf, ob Schweinehälften, Weizen oder Dollars im Preis steigen bzw. fallen. Anteilsrechte auf solche Wetten werden in einem viel größeren Volumen gehandelt als reale Waren und Dienstleistungen. „Kasino-Kapitalismus" nannte die Politikwissenschaftlerin Susan Strange dieses Verhalten bereits 1986. Den Vergleich mit einem Spielkasino zog 1936 allerdings schon Keynes, einer der bedeutendsten Ökonomen des 20. Jahrhunderts.

Glücksspiel mit dem eigenen Geld wäre vielleicht nicht sehr schlau, aber gehört in den Bereich der eigenen Verantwortlichkeit und Freiheit. Die meisten Gelder gehören den Spielern aber nicht selbst. Sie tragen deshalb die Folgen ihres Handelns nicht in vollem Umfang, sondern andere müssen die Suppe auslöffeln, die sie sich eingebrockt haben.

Das Schlimme an Währungskrisen ist, dass es zu einer Verschiebung von Vermögenswerten kommt. Diejenigen, die die Nerven behalten und wirtschaftlich gut ausgestattet sind, haben während einer Krise sogar oft die Gelegenheit, reicher zu werden, da sie Werte oft zu einem sehr viel niedrigeren als üblichen Preis von denen erwerben können, die einen Liquiditätsengpass haben.

Wirtschaft funktioniert immer auf der Basis von Glauben und Vertrauen. Durch deren Mangel und durch den Missbrauch entstehen die Krisen.

Es stellt sich die Frage:

Wie bestimmen wir jetzt aber den wahren Wert einer Sache und was verdienen wir denn nun?

Damit wir sicherstellen können, dass wir auch verdienen, was wir verdienen, müssen wir erst einmal den Wert einer Sache kennen. Den Preis legen Käufer und Verkäufer fest, indem sie sich über den Wert einigen.

Wenn ein Liter Milch in Supermarkt A 0,65 € kostet und in Supermarkt B 0,99 €, ist letzterer teuer. Es sei denn, er hätte Bioqualität. Dann wäre der Preis günstig.

Jetzt stellt sich aber wiederum die Frage: Ist Ihnen ganz persönlich der Liter Biomilch mehr wert als gewöhnliche Milch? Und wenn er Ihnen das wert ist, können Sie sich das auch leisten?

Falls Sie jedoch laktoseintolerant sind, haben beide Milchpackungen, obgleich preislich günstig, für Sie persönlich keinen oder nur einen sehr geringen Wert.

Der Preis einer Sache ist also von den Gesetzen des Marktes, wie Angebot und Nachfrage, den Produktionskosten etc. abhängig. Hier ist die größte Schwachstelle unserer momentanen Bewertung, bei der wir uns oft in die Irre führen lassen. Wir schätzen die Dinge nach ihrem Preis und nicht nach ihrem Wert. Das ist ein entscheidender Unterschied, wie wir am Beispiel der Milch schon gesehen haben. Dies ist der Schwachpunkt in unserem persönlichen Handeln, an dem ein ganzer Wirtschaftszweig in die Sollbruchstelle hineindrängt. Die Werbeindustrie hat keinen anderen Zweck, als Sie vom Wert eines Produktes zu überzeugen, damit Sie bereit sind, den geforderten Preis für dieses auch zu bezahlen.

Was eine Sache uns wert ist, hat zusätzlich auch ganz viel mit unserer persönlichen Einstellung und unseren persönlichen Umständen zu tun. Diese persönliche, subjektive Einschätzung ist von sehr großer Bedeutung. Und dieser Wert existiert nicht nur auf materieller Ebene, sondern hat einen sehr tiefen, uns jedoch oft nicht bewussten Einfluss auf unsere Handlungen.

Diese beiden Ebenen, die materielle und die immaterielle Werteordnung, hängen ganz unmittelbar zusammen. Denn der Wert, den wir etwas beimessen, bestimmt für gewöhnlich, welchen Preis wir bereit sind zu zahlen.

Ich weiß natürlich genau, dass Picasso einer der genialsten Maler der Welt war. Aber ich bin für diese Form der Kunst bedauerlicherweise völlig unempfänglich – mir fehlt gänzlich das Auge dafür. Aus diesem Grund würde ich mir nicht einmal ein Bild von ihm in die Wohnung hängen, wenn man es mir schenken würde. Für mich als Einzelperson haben seine Bilder einen geringen Wert. Zum Glück bin ich nicht das Maß aller Dinge, sondern nur das Maß meiner Dinge und meiner Welt. Meine Bücher sind in den Augen einiger Menschen nicht einmal das Papier wert, auf dem sie gedruckt sind, wogegen andere Menschen behaupten, ich hätte mit meinen Zeilen ihr ganzes Leben verändert.

Wer hat recht? Nun, beide. Jeder für sich. Die Summe aller Teile bestimmt dann, welchen „Marktwert" ich als Autorin habe, ebenso wie sie den Marktwert eines Picasso bestimmt. Maler und Autoren sind an sich ein gutes Beispiel dafür, dass eine Sache nicht nur einen materiellen Wert hat. Das bedruckte Papier oder die verwendete Leinwand ist natürlich von geringem materiellen Wert. Der Wert besteht auf einer viel weniger greifbaren und messbaren Ebene. Es ist das Gefühl der Freude, der inneren Bereicherung, wofür wir bereit sind zu zahlen. Bei jedem Gut ist dies Teil des Preises. Und deshalb wird dieser Preis auch immer einen subjektiven Anteil haben, denn was für den einen Menschen einen hohen Wert hat, hat dies für einen anderen noch lange nicht.

Der Preis wird immer von unserer persönlichen Situation und Sichtweise geprägt sein, was letztlich auch gut so ist, denn dies ist Ausdruck unserer Vielfalt.

Es ist sehr wichtig, sich diese eigenen Bewertungen ganz deutlich vor Augen zu führen. Wer sich seiner Motive im Klaren ist, ist weniger manipulierbar. Er weiß, wieso er erntet, was er erntet.

An dieser Stelle ein kleiner Hinweis: Natürlich erntet nicht nur er, sondern auch sie. Ich benutze in diesem Buch der Kürze und Einfachheit halber meist die übliche männliche Form. Einfach weil unsere Sprache ist, wie sie ist.

Wenn unsere Werte, unser Denken und Handeln sich ändern, ändert sich die Sprache automatisch mit. Bis dahin halte ich mich wenig mit Symptomen auf.

Ich bitte alle Fundamentalfeminist/-innen, dies zu entschuldigen und sich aus meinem Buch das zu holen, was Ihnen wertvoll erscheint, und den Rest zu ignorieren. Ich bin selbst eine Frau und das vorliegende Buch beschäftigt sich mit einem Gebiet, das lange von „männlichen" Ansichten geprägt wurde. Allerdings halte ich auch auf diesem Gebiet Mauern und Schubladen in Köpfen immer mehr für hinderlich. Aber das ist ein anderes Thema und auch nur meine persönliche Sichtweise. Stoßen Sie sich bitte nicht daran.

Kommen wir nun wieder zurück zum Thema „Preis und Wert". Ein Punkt, der viel zu wenig Beachtung findet, ist folgender: Der Preis einer Ware bezieht sich auf deren Herstellung, was aber oft wenig mit deren Nutzen zusammenhängt. Noch weniger wird in der Preisberechnung der durch das Produkt entstehende Schaden eingerechnet. Dadurch haben viele Produkte völlig unangemessene Preise. Ein Beispiel dafür sind billige Kunststoffe, die unseren Planeten regelrecht überschwemmen und in riesigen Inseln unsere Weltmeere durchqueren und unser Trinkwasser vergiften. Der Preis für deren Entsorgung wird einfach anderen Generationen und Nationen überlassen.

Ein ähnliches Problem haben wir z. B. bei der Erzeugung von Atomstrom. Die langfristigen Kosten aus der Lagerung, Entsorgung oder durch Schäden sind unvorstellbar hoch. Im Strompreis sind diese nicht annähernd enthalten, aber sie werden fällig werden. Beides sind nur Beispiele, die verdeutlichen sollen, dass wir uns einmal Gedanken machen sollten,
   a) über unsere Preisgestaltung und
   b) über unsere Bereitschaft, Verantwortung für unsere

Handlungen zu übernehmen.

Die Annahme, es komme im alltäglichen Handeln nur auf den rein materiellen Wert an, stimmt nur bedingt. Ich weiß nicht, wie Sie es halten, aber ich besuche bevorzugt das Café, dessen Inhaber oder Personal mich freundlich und zuvorkommend behandelt, sogar wenn der Kaffee dort 10 Cent mehr kostet. Oder ich kaufe bei dem Gemüsestand auf dem Markt, der nicht nur gute Ware anbietet, sondern obendrein noch ein Lächeln zu meinen Kartoffeln packt. Viele Dinge können wir nicht eindeutig bemessen, aber sie haben dennoch einen Wert für uns. Wir nehmen diesen mehr auf der emotionalen Ebene wahr, aber letztlich drückt auch er sich materiell aus.

Wertschätzung für ein Produkt, eine Dienstleistung hat immer auch eine immaterielle Ebene. Und diese Wertschätzung bezieht sich nicht nur auf Waren, sondern auch auf Menschen.

Wenn ich einen Menschen wertschätze, dann behandele ich ihn, als sei er etwas Wertvolles. Dabei verhalten wir uns ähnlich wie bei einem wertvollen Gegenstand. Beide behandeln wir umsichtig und schenken ihnen Aufmerksamkeit und Pflege. Beides liegt uns am Herzen, an beidem erfreuen wir uns und beides möchten wir erhalten sehen. Und auf beiden Ebenen sind wir bereit, Anstrengungen zu unternehmen, um sie zu pflegen. Ich staube die Lieblingsvase regelmäßig ab; stelle sie so, dass man ihr hübsches Dekor gut sehen kann.

Auf menschlicher Ebene ist dies ebenso: Wenn meine Tochter Geburtstag hat, stehe ich gerne früh auf, um den Frühstückstisch hübsch zu decken. Ich scheue keine Kosten und Mühen, um ihr eine Freude zu bereiten. Sie ist mir wichtig und das drücke ich aus, indem ich sie liebevoll und wertschätzend behandele.

Diese beiden Werteebenen sind sehr eng miteinander verbunden. Natürlich sollten uns Menschen sehr viel wichtiger sein als Gegenstände, aber die dahinterstehende Werteordnung ist so analog vorhanden, dass es sich in unserer Sprache äußerst deutlich ausdrückt. Wir benutzen auf beiden Ebenen die gleichen Worte. Soweit mir bekannt ist, ist dies in anderen Sprachen oft ebenso. Hier ein kleiner Aufruf an meine multilingualen Leser, mir zu schreiben, ob diese Ähnlichkeit auch in anderen Sprachen gegeben ist. Das interessiert mich.

Wegen der sprachlichen Nähe zwischen emotionalen und materiellen Werten nennen wir einen geliebten Menschen auch gerne Schatz. Und letztlich sind wir alle Schatzsucher: Wir suchen unser ganzes Leben lang nach den Dingen, die unser Herz begehrt. So mancher von uns mutiert dabei dann und wann auch zum Piraten. Übrigens liebe ich die Art, wie Johnny Depp den etwas durchgeknallten Piraten Jack Sparrow in „Fluch der Karibik" spielt. Diese Liebe teile ich mit Millionen von Menschen auf der ganzen Welt. Ja, dieser Pirat ist ein echter Schatz.

Während ich ihn also gedanklich bewundere, bin ich gerade völlig achtlos am Altenpfleger und an der Krankenschwester vorbeigegangen, die müde auf dem Heimweg waren. Wenn ich so über die Krankenschwester nachdenke, fällt mir auf, dass sie in ihrem Arbeitsleben Tausenden von Menschen das Leben erträglicher macht und jeden Tag eine hohe Verantwortung trägt. Sollte ich nicht ein wenig von meiner Wertschätzung für den reizenden Johnny Depp wegnehmen und diese der Krankenschwester schenken? Ach nein, ich brauche ihm gar nichts wegzunehmen, denn:

Wertschätzung ist kein Mangelprodukt.

Irgendwo in jedem von uns gibt es einen endlosen Quell an Wertschätzung. Ich brauche ihn nur aufzumachen und schon sprudelt er. Erstaunlich, es stimmt in diesem Fall also gar nicht, dass einer weniger hat, wenn ein anderer mehr hat. Tag für Tag kann ich durch die Welt spazieren und Wertschätzung verteilen, sie wird und wird nicht weniger. Im Gegenteil, ich werde immer besser im Erkennen dessen, was die jeweiligen Menschen so besonders macht. Ich verschenke also meine Anerkennung und werde selbst dabei immer reicher, sammle immer mehr schöne Begegnungen und Momente. Wertschätzung ist eine wundervolle Schatzkiste!

Übrigens: Wenn ich Arbeitnehmer fragte, was sie an ihrem Arbeitsplatz am meisten vermissen, war die häufigste Antwort „Wertschätzung". Menschen wollen nicht nur einmal im Jahr bei einer Rede anlässlich der Weihnachtsfeier ein „Dankeschön" hören. Sie wünschen sich, dass wahrgenommen und geschätzt wird, was sie beitragen. Diesen Wunsch hegen alle Menschen, völlig unabhängig von ihrem Gehalt und ihrer Position. Jeder Mensch möchte, dass der eigene Beitrag gesehen und anerkannt wird. Dies gilt nicht nur für bezahlte Erwerbsarbeit. Sehr viele Frauen klagen darüber, dass ihr Beitrag im Haushalt und bei der Kindererziehung als selbstverständlich genommen und somit nicht wertgeschätzt wird. Woran liegt das? Die Antwort ist simpel: Was es kostenlos gibt, ist uns nichts wert.

Unser Sinn für Werte ist verdreht. Das wurde uns anerzogen und wir hinterfragen es nicht. Vielfach sind wir z. B. nur dazu erzogen, mitzuteilen, wenn etwas nicht funktioniert. Durch unsere Erziehung haben wir eine problemorientierte Sichtweise. Wertschätzung haben die wenigsten erfahren und gelernt.

Wenn wir dies anfangen zu ändern, im Kleinen, genau

dort, wo wir in unserem Leben gerade stehen, dann ändern wir unser ganzes Leben. Seitdem ich mich entschlossen habe, Menschen mitzuteilen, dass ich ihren Beitrag schätze, hat sich mein persönliches Leben völlig gewandelt. Ich bin seitdem ein sehr viel glücklicherer Mensch und lebe ein sehr viel reicheres Leben. Nicht unbedingt vom Lebensstandard her, aber von der Qualität meines Lebens.

Wie sieht es bei Ihnen aus? Sie sehen ebenfalls aus, als wären Sie ein prima Schatzsucher. Wollen Sie es nicht auch versuchen? Gehen Sie los und finden Sie Dinge, Orte und vor allem Lebewesen, die es verdient haben, wertgeschätzt zu werden. Sagen Sie ihnen, was Sie an ihnen schätzen. Sie werden sich wundern, wie sehr das Ihr Leben verändern kann.

Nun fragen Sie sich vielleicht, was das mit unserer momentanen Wirtschaftskrise zu tun hat? Alles!

In Wirklichkeit handelt es sich nicht um eine Wirtschaftskrise, sondern um eine Wertekrise. Es sind unsere ganz persönlichen inneren Werte als Einzelne, die unser Handeln in der Außenwelt bestimmen. Und da ist das eigentliche Ungleichgewicht vorhanden. Unser inneres Wertebild hat mit Dingen wie unserer persönlichen Ethik zu tun. Die momentane Krise jedoch zeigt deutlich, dass innerhalb der Handelnden an der Börse sehr erschreckende Wertebilder am Wirken sind. Wenn Sie diesen Zusammenhang zwischen innerem Wertebild und äußerem Handeln einmal verstanden haben, gehen Ihnen plötzlich im wahrsten Sinne des Wortes die Augen auf.

Das kann sehr viel Zorn in Ihnen hervorrufen. Aber bevor Sie jetzt anfangen, Steine einzusammeln, um sie auf Glaspaläste zu werfen, möchte ich Ihnen sagen, dass Sie leider kein Recht besitzen, den ersten Stein zu werfen. Mir ist wirklich noch niemals ein Mensch begegnet, der im biblischen Sinne das Recht gehabt hätte, „den ersten Stein zu werfen". Einfach weil mir noch nie ein Mensch begegnet ist, der noch nie falsch gehandelt hätte. Egal, wie politisch korrekt Sie handeln, ob Sie vegan essen, das eigene Gemüse anbauen oder in Suppenküchen für Obdachlose aushelfen: Es wird Ihnen nicht möglich sein zu leben, ohne auch Schaden anzurichten. Und nur weil Sie ein bisschen „besser" als andere sind, rechtfertigt das noch lange keine Selbstgerechtigkeit, diese wirft nur einen ziemlich hässlichen Schatten auf Ihren Heiligenschein.

<u>Gelderwerb</u>

Um am Wirtschaftsleben teilnehmen zu können und das eigene Geld für die Produkte ausgeben zu können, die es uns wert sind, müssen wir aber erst einmal in den Besitz von Geld kommen. Die meisten von uns versuchen es dabei mit Erwerbsarbeit. Laut der Europäischen Sozialcharta haben Bürger ein Recht auf Arbeit. Vielleicht ist dies einer der Gründe dafür, weshalb Politiker sich immer wieder befleißigt sehen, die Vollbeschäftigung als Ziel anzustreben.

Nicht wenige Menschen haben mittlerweile eine höhere Wochenarbeitszeit als vor 10 oder 20 Jahren – trotz aller Effizienzsteigerung und Entlastung durch Maschinen. Gleichzeitig sind viele Menschen arbeitslos. Ernähren muss unsere Gesellschaft aber sowieso alle. Sind wir kollektiv wahnsinnig? Wir könnten endlich weniger arbeiten und tun es doch nicht. Weil wir unseren Wert durch unsere Erwerbsarbeit definiert sehen und an die 40-Stunden-Woche glauben.

Was wäre, wenn wir einfach ein bisschen weniger arbeiten und die Lasten gleichmäßiger verteilen würden?

Bisher rennen wir einfach weiter im Hamsterrad: Höher, schneller, weiter in den Burn-out und Herzinfarkt. Hauptsache, wir waren immer vollbeschäftigt. Dabei stimmt das Bild schon lange nicht mehr: Von zehn Menschen auf der Straße gehen maximal vier einer Erwerbsarbeit nach. Der Rest sind u. a. Schüler, Rentner, Studenten, Hausfrauen und Arbeitslose. Sind diese alle nichts wert? Und leisten sie alle nichts? Es ist doch so, dass Arbeiten, die kein Einkommen erzielen, irgendwie nicht wertgeschätzt werden. Welche Mutter, die sich entscheidet, ihrem Kind zuliebe daheim zu bleiben, kennt nicht die abschätzig-mitleidige Bemerkung: „Ach, du bist nur Hausfrau?" Was heißt denn da nur?

Unsere Gesellschaft wäre nicht überlebensfähig ohne all die Menschen, die sich sozial engagieren und kostenlose Arbeit verrichten. Ist kostenlos gleich wertlos? Nein, zivilisierte Völker sollten stolz darauf sein, dass ihre Bürger soziales Engagement und Verantwortungsgefühl für die Gesellschaft besitzen. Bei der Recherche zu diesem Buch versuchte ich herauszufinden, wie viele Deutsche sich ehrenamtlich betätigen. Die Zahlen wichen stark voneinander ab. Je nach Quelle sind es zwischen 12 und 29 Millionen. So oder so sind es enorm viele Menschen, die sich für die Gemeinschaft einsetzen. Wir alle können froh sein, dass es sie gibt. Sie machen unser Leben reicher und lebenswerter.

Und was ist mit all den Künstlern? Nicht umsonst spricht man von brotloser Kunst. Sie ist brotlos, weil bei uns nur zählt, wofür jemand zahlt. Sehr viele Künstler lebten in extremer Armut und erst die Nachwelt würdigte ihre Werke.
Von Kulturschaffenden erhält eine Gesellschaft Impulse, die Wertschätzung bleibt jedoch, bis auf die für wenige „Stars", aus.
Niemand würde von einem Bäcker erwarten, dass er in

einem anderen Beruf erst seinen Lebensunterhalt und die Rohstoffe für sein Handwerk erarbeitet, damit er dann nach Feierabend Brötchen backt, die er möglichst kostenlos an die Menschen verteilt. Für taxifahrende Maler und kellnernde Schriftstellerinnen ist dies jedoch an der Tagesordnung.

Auch viele Sportler und sozial engagierte Menschen stehen vor dem Problem, sich ihren Lebensunterhalt erst anderweitig verdienen zu müssen, bevor sie ihrer Berufung folgen können.

Wir müssen unsere Einstellung zur Arbeit und zur Wertschätzung der Beiträge des Einzelnen zur Gesellschaft dringend überdenken.

Das Recht auf Arbeit ist in Wahrheit eine Pflicht zur Erwerbsarbeit. In der Hinsicht unterscheidet sich die BRD nur in der Härte von der DDR – dort wurden arbeitsunwillige, asoziale Subjekte ins Gefängnis gesperrt, hier werden sie zu Ein-Euro-Jobs verdonnert und in den Niedriglohnsektor gedrängt. Danke für die Vollbeschäftigung. Und es sind ausgerechnet die Linke und die SPD, gemeinsam mit den Gewerkschaften, die die Vollbeschäftigung fordern. Ich habe keine Ahnung, was daran sozial sein soll, den Hamster ans Rad und den Esel vor den Mühlstein zu binden.

Und ich weiß auch nicht, wieso man für den Erhalt von Arbeitsplätzen kämpfen muss, bei denen ein Friseur weniger als vier Euro in der Stunde bekommt. Der Ladeninhaber, der seinen Laden nur so über Wasser halten kann, indem er einem Vollzeitbeschäftigten nicht einmal ein Existenzminimum zahlt, bestiehlt seine Angestellten. Er macht sich selbst das Leben schwer und belastet die Gemeinschaft der Steuerzahler, die ja für die Lohnaufstockung der Angestellten über das Jobcenter aufkommen muss.

Niedrige Löhne belasten die Gesellschaft langfristig. Wer im Niedriglohnsektor tätig war, muss im Alter oft ergänzende Leistungen beim Sozialamt beantragen, da die Rente nicht das Existenzminimum abdeckt.

Der billige Haarschnitt kommt alle teuer zu stehen, aber der Angestellte, der zum geringgeschätzten „Hartzer" wird, zahlt die Zeche für den niedrigen Preis – dabei sind es das Unternehmenskonzept und unsere Wertehaltung, die zum Himmel stinken. Nicht umsonst wird nun ein Mindesteinkommen eingeführt.

Das ist keine Anklage, sondern eine Darstellung des Istzustandes. Ich habe auch kein Recht anzuklagen, denn auch ich kaufe noch viel zu oft in billigen Supermärkten ein und drücke damit aus, dass es mir völlig egal zu sein scheint, auf welche Weise die billigen Preise entstehen. Das kann ich jedoch nur, solange ich mir nicht bewusst mache, was ich da tue.

Das funktioniert nur, solange ich dauerhaft nicht darüber nachdenke, wie hoch der Preis für den billigen Preis ist. Zum Glück kann ich nicht sehen, wie die armen Schweine für meine Leberwurst halb wahnsinnig vor Angst im Viehtransporter zum Schlachter gebracht werden, nachdem sie ein elendes Leben in Dunkelheit und Enge führten. Ich sehe auch nicht, welch giftigen Chemiecocktail man über meinen Tomaten ausschüttete. Und ich fühle zum Glück nicht die Hoffnungslosigkeit der Verkäuferin, die unter schwierigen Bedingungen ihren Lebensunterhalt verdient und dafür auch noch Geringschätzung durch Bessergestellte erntet.

Wenn ich all das in seiner Gänze wahrnähme, würde ich weinend und handlungsunfähig vor dem Supermarkt stehen und der Bissen würde mir im zugeschnürten Hals stecken bleiben.

Wie gesagt, mir ist noch nie ein Mensch begegnet, der

das Recht besessen hätte, Steine zu werfen. Wir können uns natürlich selbstgerecht damit beschäftigen, wer jetzt mehr oder weniger Schuld auf sich geladen hat im Laufe seines Lebens, aber diese Frage würde uns vom Wesentlichen wegführen.

Damit verknüpft ist auch wieder unser sprachlicher Zusammenhang zwischen innerem und äußerem Wert. Wer hat denn die Schuld(en)? Wer soll die Zeche zahlen für unser aller Fehlverhalten? Dieser interessanten Fragestellung werden wir uns in einem gesonderten Kapitel noch einmal widmen.

Ob wir etwas wertschätzen oder geringschätzen, ist schlicht und ergreifend von der Brille abhängig, durch die wir die Dinge betrachten. Und diese Brille wird zum Großteil durch unsere Erziehung und unsere Umgebung geprägt. Ob wir etwas als schön oder hässlich, wertvoll oder wertlos ansehen, ist schlicht und ergreifend Konditionierung.

In unserer Überflussgesellschaft muss ein Modell „Size Zero" haben. Zu anderen Zeiten oder in anderen Kulturen genossen dicke Menschen ein hohes Ansehen, denn es bedeutete, dass man reich und (ge-)wichtig war.

Während wir Narben als Verunzierung betrachten, gibt es afrikanische Kulturen, in denen sie als schön gelten oder aufwendig gestaltete Narben einen hohen Status ausdrücken. Einen Nasenring verpasste man früher einem Sklaven, der auf der gleichen Stufe wie ein Arbeitsochse stand. Heute trägt man ihn als Körperschmuck. In der westlichen Kultur gilt der Verlust des Arbeitsplatzes als ein Makel, dessen sich viele Menschen schämen oder ihn gar verschweigen. Ein britischer Gentleman des 19. Jahrhunderts hätte sich hingegen zutiefst geschämt, wenn man ihn bei der Arbeit erwischt hätte. Zu arbeiten war für Wohlhabende ein skandalöses Verhalten, während sich heutzutage nicht einmal Multimillionäre den Luxus des Müßiggangs gönnen. Immer aktiv, immer am Rennen, so bleibt man hip. Ich könnte diese Liste endlos fortsetzen, doch die Grundidee ist offensichtlich.

Ist es nicht erstaunlich, wie unkritisch wir uns mit den Werten, die unserer jeweiligen Kultur entspringen, identifizieren – und wie sehr wir oft streiten, manchmal bis aufs Blut, felsenfest davon überzeugt, im Besitz der einzigen Wahrheit zu sein?!

Anstatt das, was von der aktuell vorherrschenden Norm abweicht, gering zu schätzen, könnte man es als Variationsmöglichkeit ansehen.

Wenn ich das, was anders ist, als Horizonterweiterung ansehe, dann vergrößert es die Freiheit meiner Wahl.

Für mich sind auch andere Völker keine Bedrohung, sondern bieten Gelegenheit zum Lernen und zur Horizonterweiterung. Ich bin ein wissbegieriger und neugieriger Mensch und habe schon immer Menschen aller gesellschaftlichen, religiösen und nationalen Herkünfte in meinem Umfeld gemocht.

Deutschland ist in dieser Hinsicht ein reiches Land. Bei uns leben so viele andere Kulturen. Schon in der Schule war ich mir mit meiner sizilianischen Schulfreundin einig, dass ein ideales Land ein bisschen mehr Ordnung als Italien und deutlich mehr Lebensfreude als Deutschland besäße. Jedes Land, jede Kultur und jeder Mensch hat der Welt Schönes und Wertvolles zu geben. Jeder hat etwas, womit er die Welt bereichert.

Es wird Zeit, dass wir das sehen und anerkennen. Solange wir versuchen, den anderen zu unterdrücken und kleinzumachen, anstatt ihm unsere Achtung und Wertschätzung zu schenken, werden auch unsere

Gesellschaftsordnung und unsere Wirtschaft von Kampf und Geringschätzung geprägt sein.

Die Wurzel für unsere fehlende Wertschätzung liegt in einem geringen Selbstwertgefühl.

Dieses Gefühl des „Nicht-gut-genug"-Seins ist wahrscheinlich die weit verbreitetste Krankheit auf dem Planeten. Wir sind alle kollektiv verrückt. Begründet liegt dies vor allem in unserer Abhängigkeit von Normen. Wir vergleichen uns ständig. Und wenn wir uns vergleichen, dann gibt es immer jemanden, der schöner, klüger, reicher ist. Diesen versuchen wir zu imitieren oder gar zu übertrumpfen und geraten auf diese Weise in ein Hamsterrad.

Nie schätzen wir das, was wir sind und was wir haben, sondern immer wollen wir nur weg von unserem Platz und unserem Sein. Wir alle tragen Masken, verstecken uns hinter diesen und hoffen, niemand würde unsere Unvollkommenheit dahinter sehen. Und letztlich hängen diese Masken ganz direkt mit der Wertschätzung zusammen. „Wenn die anderen mir abkaufen, dass ich ein toller Typ bin, dann kaufen sie auch meine Produkte", denken wir – und haben damit sogar oft recht.

Der Witz daran ist, dass unsere wahren Stärken ungenutzt bleiben, während wir die vortäuschen, die gesellschaftlich anerkannt sind. Wir haben einen völlig falschen Fokus. Während ich gerne so eine tolle Figur hätte wie A oder so ein tolles Haus wie B, merke ich gar nicht, dass andere Menschen mich um meine persönlichen Fähigkeiten und Eigenschaften beneiden, die mir nicht der Rede wert scheinen.

Nicht gut genug zu sein ist die größte Lüge aller Zeiten. Sie hat die ganze Menschheit versklavt.

Sie, genau Sie, tragen so viel Potenzial in sich. Suchen

Sie danach und leben Sie es. Ihr Wert ist unermesslich hoch. Ein menschliches Wesen ist unglaublich komplex, es birgt viel zu viel in sich, um es bemessen und bewerten zu können.

Vincent van Gogh, heute ein weltberühmter Maler, dessen Bilder Höchstpreise erzielen, hat Zeit seines Lebens in schwierigsten finanziellen Umständen gelebt. Weder er noch seine Umgebung haben seinen Wert wahrgenommen, obwohl er nicht nur wertvoll, sondern sogar ein Genie war, dessen Werk für die moderne Malerei prägend war.

Ein Bankdirektor, den bis zur Krise jeder beneidete und vor dem jeder buckelte, gilt heute als Obergauner. Vielleicht stimmt das, vielleicht aber auch nicht? Eine Bewertung sagt oftmals auch sehr viel über den Urteilenden aus, seine Ohnmacht, seinen Neid – eben über seine Werteordnung. Mittlerweile haben wir 7 Milliarden Menschen auf der Erde, jeder von ihnen besitzt sein eigenes dichtes Gewirr aus Ansichten, Meinungen und Werten in seinem Kopf.

Ihre Nachbarn werden z. B. Ihre Haare zu lang, zu kurz, zu blond, zu braun, zu kraus, zu glatt finden. Wem wollen Sie es jetzt recht machen? Wollen Sie alle befragen und dann in basisdemokratischer Manier die Frisur tragen, die die Mehrheit gut findet? Diese wird bereits morgen ihre Meinung ändern. Sie werden es einfach nicht allen recht machen können – und das ist auch nicht Ihre Aufgabe.

Ihre Aufgabe ist es, Ihr Leben nach eigenen Vorstellungen zu leben.

Hören Sie auf, jemand sein zu wollen, der Sie nicht sind, nur damit Sie Anerkennung erfahren. Wir konzentrieren uns oft auf eine winzige Kleinigkeit unseres Seins, unseren zu großen oder zu kleinen Po, unser zu geringes Einkommen, unser altes Auto oder unseren sitzengebliebenen Sohn und definieren aufgrund dieses winzigen Ausschnitts unser ganzes großes komplexes Sein. Wenn Sie versuchen, ihre Unvollkommenheit vor anderen Menschen zu verstecken, verschwenden Sie Ihre Zeit. Diese sind genauso unvollkommen, aber großartig wie Sie selbst. Stecken Sie Ihre Energie lieber in Dinge, die Ihnen Freude bereiten, dann werden Sie ein zufriedenerer und glücklicherer Mensch sein.

Ein erstaunlicher Nebeneffekt davon: Indem Sie ganz selbstzentriert an Ihrem persönlichen Glück arbeiten, werden Sie auch für Ihre Mitmenschen zu einer Bereicherung. Sie werden entspannter und offener, fröhlicher und großzügiger werden. Dadurch werden Sie viel Zuneigung und Anerkennung bekommen, die Sie sich mit Ihrer Maske gar nie hätten erschleichen können.

Falls Sie jetzt denken: „Davon werde ich jetzt auch nicht reich!", muss ich Ihnen widersprechen. Zum einen existiert Reichtum auf sehr vielen Ebenen. Man kann auch an Liebe, Erfahrungen und Freude reich sein. Und auch wenn Sie reich an Geld sind, wollen Sie damit bestimmte Bedürfnisse erfüllen. Oft würde es mehr Sinn ergeben, direkt das Bedürfnis zu stillen, als den Umweg übers Geld zu nehmen. Die Zahl der Menschen, die feststellen, dass ihr persönliches Glücksgefühl und ihre Lebensqualität nicht zwingend von der Höhe des Geldkontos abhängen, steigt ständig. Wenn Sie zufriedener sind, haben Sie im Lebensmonopoly Ihren Glücksfaktor sofort erhöht, ohne erst über Los/die Bank gehen zu müssen.

Zum anderen sind glückliche Menschen von Haus aus erfolgreicher. Wir verwechseln hier gerne Ursache und Wirkung. Wir denken, wohlhabende Menschen würden durch Geld glücklich. Vielleicht werden sie jedoch durch ihr Glücklichsein reich, weil andere Menschen ihre Nähe suchen und sie dadurch mehr Gelegenheiten haben als eine meckernde, miesepetrige Trantüte?

Solange wir das, was wir haben und was wir sind, nicht wertschätzen und anerkennen, werden wir immer in einem Hamsterrad gefangen sein. Bis dahin wird das Gras auf der anderen Seite immer grüner sein. Wir fühlen uns als Zwerge und oft reagieren wir, indem wir versuchen, uns über andere Zwerge zu erheben.

Ab dem Tag, an dem wir uns und andere wertschätzen lernen, werden wir einander mit Respekt begegnen. An diesem Tag werden wir einander anerkennen und den anderen ihn selbst sein lassen können. Das wird das Ende der Kriege sein. Wir werden weiterhin anders und individuell sein, verschiedene Vorlieben, Religionen, Kulturen und Meinungen besitzen – aber wir werden das aushalten können, weil wir sehen, dass wir schön sind und der andere auf die ihm eigene Art ebenfalls.

KAPITEL 3

EIN ERFOLGREICHES LEBEN

„Um ein perfektes Mitglied einer Schafherde sein zu können, muss man vor allem selbst ein Schaf sein."
(Albert Einstein)

Wir in der modernen westlichen Gesellschaft sind es gewohnt, Erfolg mit Besitz gleichzusetzen. Aus diesem Besitz wiederum speisen sich das Ansehen und der gesellschaftliche Status. In dem wohl allen bekannten Werbespot mit dem berühmten „Mein Haus, mein Auto, meine Frau" kommt das auf pointierte Weise zum Ausdruck. Auch der Partner gehört übrigens zum jeweiligen Besitz und Status dazu.

Wieso hinterfragen wir unsere Werte nicht? Wieso sehen wir es als Erfolg an, einen gut bezahlten Arbeitsplatz zu haben? Wieso schauen wir zum Firmeninhaber auf und auf den Arbeitslosen herab?

Ist Erfolg wirklich in Geld messbar? Dies wird uns zumindest gerne vermittelt. Einige Menschen lehnen Erfolg sogar aus genau diesem Grund ab. Sie assoziieren Erfolg mit einem rücksichtslosen Streben nach Profit. Aber stimmt das denn? Als Gandhi starb, hinterließ er seine berühmte runde Brille, eine Taschenuhr, ein Paar Sandalen, einen Teller und eine Schüssel. Dennoch würde wohl kaum jemand behaupten, er sei nicht erfolgreich gewesen.

Erfolg und das Empfinden von diesem hängen vom Erreichen selbst gesteckter Ziele ab. Der Knackpunkt dabei ist, dass es die eigenen Ziele sein müssen. Viele kennen diese aber selbst gar nicht, sondern haben ungefragt ein verschwommenes Modell aus den Meinungen ihrer Umgebung übernommen. Sehr viele Menschen betrachten die Welt durch die Brille, die ihnen von ihrer Umgebung zur Verfügung gestellt wird. Damit wird Erfolg zu dem, was die Kultur, in der wir leben, unsere Familie oder unser Freundeskreis als erstrebenswert ansieht.

Das Erschütternde daran ist: Vielleicht folgen wir in unserem Leben diesen Zielen und erreichen sie sogar, aber wir fühlen uns immer noch nicht erfüllt. Dann streben wir nach noch mehr und mehr und mehr. Jeder kennt das Klischee von reichen, aber unzufriedenen Menschen. Es gibt diese Leute. Sie haben bisher einfach noch nicht das gefunden, was sie tief innerlich wirklich anstreben.

Die Frage ist: Wofür wollen wir das Geld? Die Beantwortung dieser Frage wird sehr unterschiedlich ausfallen, aber sie wird Sie zu dem führen, was für Sie wirklich wichtig ist.

Bedeutet Geld zu besitzen also wirklich Erfolg?

Letztlich muss jeder diese Frage für sich selbst beantworten. Aber hinterfragen Sie Ihr Leben von Zeit zu Zeit und laufen Sie nicht blind auf einer Straße, an deren

Ende Sie zurückschauen und Bedauern empfinden werden.

Manche Straßen muss man vielleicht auch erst ausprobieren, damit man merkt, man ist gar nicht dem eigenen Traum gefolgt, sondern dem der Eltern oder dem, was alle um einen herum eben als traumhaft empfinden. Grämen Sie sich dann nicht, sondern ändern Sie den Kurs einfach.

Für manche Menschen könnte Erfolg auch bedeuten, seine Zeit mit Menschen und Beschäftigungen zu verbringen, die man wirklich, wirklich mag. Wenn jemand es liebt, sauber zu machen, kann er dann nicht auch als Reinigungskraft ein erfolgreiches Leben führen?
Kann Erfolg nicht bedeuten, dass jemand sich gut um seinen Körper kümmert, wenn er sportlich ist? Oder dass man einen wundervollen Freundeskreis hat? Dass man liebenswerte Kinder großgezogen hat? Ist all dies nicht auch Erfolg? Auch wenn es dafür keine gesellschaftliche Anerkennung gibt und man es nicht in Zahlen bemessen kann?
Letztlich wird das natürlich jeder Mensch für sich ganz persönlich beantworten müssen. Und es kann gut möglich sein, dass die eigene Vorstellung von Erfolg sich im Laufe des Lebens mehrfach ändert. Es geht an dieser Stelle nur darum, andere, ebenfalls mögliche, Sichtweisen zu erkennen und das angebotene Wertebild zu hinterfragen.

Wir waren es so lange gewohnt, die Anhäufung von Geld und Besitz als unerlässlich für unsere Zukunft und die unserer Kinder anzusehen, dass es uns nun oft nicht mehr gelingt, eine andere Perspektive einzunehmen. Des Weiteren leben wir immer noch in der Vorstellung, viel nutze auch viel. Die Werbeindustrie macht sich dies zunutze und versucht auf vielfältigste und raffinierteste Weise, unsere entsprechende Programmierung zu Kapital zu machen. Wie fast alle bin ich tausende Male selbst darauf reingefallen und habe mit glücklich verblendetem Lächeln Dinge gekauft, die ich später kaum nutzte.

Wir besitzen diese Dinge, weil wir immer noch Jäger und Sammler sind. Unsere entsprechenden Jagd- und Sammelinstinkte werden von der Werbung manipulativ angesprochen, damit sich die beworbenen Produkte verkaufen. Genau genommen sind es diese Mechanismen, die dafür sorgen, dass wir ein Leben führen, dass uns selbst nicht wirklich erfüllt.

Wir dienen der Wirtschaft, statt diese für uns zu nutzen.

Wie gesagt, ich besitze selbst immer noch viel Unnützes, obwohl ich mich bereits von vielem getrennt habe. Es wurde uns einfach viel zu lange eingeredet, dass wir gewinnen, wenn wir viel besitzen. Wir stellen uns aber viel zu selten die Frage, wovon wir viel besitzen wollen.

Ich biete Ihnen ein Experiment an: Beschränken Sie sich einmal auf das Wesentliche. Gehen Sie in Gedanken durch Ihre Wohnung und legen Sie alle Dinge, die Sie entweder

a) zum Überleben benötigen oder

b) die Ihnen große Freude und Befriedigung schenken, auf einen Haufen.

Betrachten Sie ihn. Er ist bei den meisten Menschen ziemlich überschaubar. Dann sehen Sie sich in Ihrer Wohnung um. Der Rest, der nicht zu a und b gehört, verstopft Ihr Leben. Was wäre, wenn Sie den Kram loswürden? Hätten Sie dann nicht viel mehr Platz in Ihrer Wohnung oder besäßen die Freiheit, weniger Miete zahlen zu müssen? Und bräuchten Sie nicht auch viel weniger Zeit und Geld, um all diese Dinge zu pflegen und zu erhalten? Könnten Sie die freiwerdenden Ressourcen nicht anders, vielleicht für sich selbst, sinnvoller einsetzen?

Wir verdrängen bei all unseren Handlungen immer wieder, dass es eine Ressource gibt, die für uns alle sehr endlich und begrenzt verfügbar ist: Unsere Lebenszeit! Keiner von uns weiß, wie viel ihm von dieser Ressource wirklich zur Verfügung steht, also wäre es sinnvoll, diese Zeit weise zu nutzen.

Was man als sinnvoll erachtet, wird jeder Mensch ein wenig anders betrachten und es kann sich im Laufe der Jahre auch wandeln. Dass ich viel Zeit mit Lesen und Schreiben verbringe, ist für einige Menschen völlig unverständlich, während ich mich zum Beispiel kein bisschen für das Bergsteigen erwärmen kann, aus dem andere Menschen persönliche Befriedigung ziehen. Jeder muss diesen Nutzen seiner Lebenszeit eben für sich selbst definieren und festlegen. Jeder Mensch hat die Hoheit über genau ein Leben: sein eigenes. Dessen Sinnhaftigkeit muss dem Maßstab keines anderen Menschen entsprechen, nur dem eigenen.

Da unsere Werte und Ansichten stark von unserem Umfeld geprägt werden, ergibt sich daraus logisch, dass diese ganz anders aussähen, wenn wir zu einer anderen Zeit und in einer anderen Kultur geboren worden wären. Wir würden dann völlig andere Dinge als wertvoll und erstrebenswert ansehen. Die Welt, in der wir aktuell leben, ist durch unsere Wertvorstellungen erschaffen worden.

Wenn wir einen anderen Output erreichen wollen, müssen wir einen anderen Input hineingeben.

Leider sind wir hier flexibel wie ein Amboss. Werte ändern sich meist sehr langsam. Oft dauert es zwei Generationen, bis eine Erfahrung das Wertebild der Gesellschaft auch wirklich ändert.

Nur so ist die erstaunliche Tatsache erklärbar, dass

Menschen immer noch stur entweder kapitalistische oder sozialistische Parolen wiederholen und dabei völlig die Erfahrungen, die wir mit diesen Systemen gemacht haben, ignorieren. Das 20. Jahrhundert war von dieser Auseinandersetzung geprägt und beide Systeme haben bewiesen, dass sie in der uns bekannten Ausprägung der Gesellschaft und den Menschen als Ganzes nicht gedient haben. Beides sind einseitige Übertreibungen von an sich nachvollziehbaren Standpunkten.

Soweit wir das heute sehen können, brauchen Menschen nämlich beides:

- Sie wollen soziale Gerechtigkeit und
- eigene Werte ausdrücken und erschaffen.

Insofern würde es Sinn ergeben, den Menschen ihre Grundbedürfnisse zu garantieren und ihnen zugleich die Freiheit zu geben, ihr persönliches Wertebild zu leben.

Momentan ist beides nicht möglich. In einer kapitalistischen Gesellschaft werden die Menschen gezwungen, um ihr Überleben zu kämpfen und ihre Arbeitskraft um jeden Preis einzusetzen. Dank der Hartz-IV-Gesetzgebung werden Menschen gezwungen, in Berufen zu arbeiten, die sie nicht gelernt haben und die ihnen auch nicht liegen, zu Löhnen, die weit unter dem Durchschnitt sind, und dafür lange Wegezeiten und persönliche Opfer auf sich zu nehmen. Obwohl wir riesige Summen für eine immer größere Anzahl an Bedürftigen ausgeben, existieren weder soziale Gerechtigkeit noch Sicherheit in diesem Land.

Sozialistische Systeme wiederum haben das Wohl der Allgemeinheit so weit über das Recht des Einzelnen gestellt, dass das System ebenfalls nicht mehr den Menschen dient, sondern die Menschen dem System. Wenn ich versuche, ein System der Gleichheit zu erschaffen, ignoriert dies völlig die Individualität des Einzelnen. Wir sind nun einmal nicht gleich. Unsere Bedürfnisse, Begabungen und Wünsche sind somit auch nicht gleich.

Sowohl Sozialismus als auch Kapitalismus haben ihr Ziel verfehlt. Beide haben Systeme installiert, in denen der Mensch dient. Bei keinem Entwurf ist der Nutzen für die Menschen ein nachhaltiger.

Deutschland hat beide Systeme erlebt und erlitten. Dazu als größtes Übel den Faschismus. Dessen Irrsinn besteht vor allem darin, alles, was nicht dem eigenen Wert entspricht, unterdrücken und ausrotten zu wollen.

Insofern wäre wünschenswert, wenn wir aus der Geschichte lernen würden, damit wir Fehler nicht wiederholen. Genau wegen seiner so schmerzhaften Geschichte im 20. Jahrhundert sehe ich in Deutschland auch ein besonders großes Potenzial für eine Erneuerung des Wertesystems. Die Frage ist, wie schnell wir unsere Lehren ziehen können.

Wir brauchen Kooperationsfähigkeit und Verantwortungsbewusstsein für die eigenen Handlungen. Das Beste, was die miteinander konkurrierenden Systeme besaßen, müssen wir in eine Balance bringen. Wenn uns dies gelingt, werden wir das Land der Zukunft betreten.

Eine Menge Menschen begreift noch nicht, dass Änderungen notwendig sind, da sie der Meinung sind: Vielleicht ist es keine ideale Gesellschaftsform, aber der Sozialdarwinismus funktioniert. Und sie haben nicht völlig unrecht.

Er funktioniert in einer Welt des Kampfes ums Überleben. Einer Welt des Krieges. Eine friedliche, zivilisierte Gesellschaftsordnung beruht auf anderen Werten.

Solange wir an Kampf und Mangel glauben, werden wir versuchen, einander zu besiegen. Es ist das Denken von Höhlenmenschen, auch wenn sie Armani tragen und Fleisch von Kobe-Rindern essen.

Wir haben immer noch eine Gesellschaft, in der es von dem Einkommen der Eltern abhängt, welche Bildungs- und Verdienstchancen die Kinder haben. Wir rümpfen die Nase über das indische Kastensystem, aber die Anzahl derjenigen, die es in Deutschland vom Sohn eines Tellerwäschers zum Millionär bringen, ist verschwindend gering. Ich bin sehr glücklich, dass ich in Deutschland lebe, denn es ist eines der sichersten und angenehmsten Länder dieser Welt. Aber dennoch besitzen wir immer noch weder echte soziale Sicherheit noch freie Entfaltungsmöglichkeit für den Einzelnen.

KAPITEL 4

MYTHOS MANGEL

„Die Welt hat genug für jedermanns Bedürfnisse, aber nicht für jedermanns Gier." (Mahatma Gandhi)

Nie waren wir reicher als heute. Zumindest in den Industrienationen. Erstaunlicherweise scheinen wir nicht unbedingt zufriedener oder glücklicher geworden zu sein, wenn man der aktuellen Glücksforschung glauben darf. Woran mag das liegen?

Ein Faktor ist sicherlich, dass wir uns inmitten der Fülle gar nicht der Größe unseres materiellen Reichtums bewusst sind. Ein Wohlhabender kommt sich zwischen Königen immer noch wie ein Bettler vor. Im TV sehen wir Superstars in Villen oder auf eigenen Inseln wohnen und auf Luxusjachten durch das Leben düsen. Das weckt den Hunger nach mehr und so betrachten wir selten zufrieden das, was wir bereits besitzen.

Unsere gesamte Finanzordnung ist letztlich darauf ausgerichtet, in uns diesen Hunger nach dem Mehr auszulösen. Die Wirtschaft ist auf ein ständiges Wachstum als Ziel allen Handelns fixiert. Um dieses endlose Wachstum zu gewährleisten, muss zwingend der Konsum gesteigert werden. Ein Weg dahin ist das Erschließen neuer Märkte, wie z. B. den Handel mit China. Ein anderer Weg besteht darin, in den bereits vorhandenen Märkten die Nachfrage zu erhöhen, indem neue Bedürfnisse geweckt werden.

Überall und ständig wirkt Werbung auf uns ein und schreit uns zu, dass wir das angepriesene Produkt dringend, absolut dringend benötigen.

Die neuen Schuhe lassen uns vor Glück schreien und die coole Brille wird zum Markenzeichen des modernen, intelligenten Menschen. Mittlerweile tragen Menschen „Nerdbrillen", die gar keine Brille benötigen. In meiner Kindheit wurden Brillenträger noch als „Brillenschlange" gehänselt und litten deshalb Seelenqualen. Damals wie heute machen alle unreflektiert mit. In immer kürzerer Zeit werden unsere Werte auf den Kopf gestellt. Wir unterliegen einem Gruppenzwang, dessen Ursprung selten auszumachen ist. Wir brauchen stets das coolste Handy, das sportlichste Auto und die Klamotten der angesagten Trendfirma. Weil wir glauben, uns damit all die Attribute kaufen zu können, die aus uns einen attraktiveren, liebenswerteren und erfolgreicheren Menschen machen.

Und bevor Sie sich jetzt Gedanken machen: Nur weil ich verstanden habe, wie Werbung funktioniert, bewahrt mich das keineswegs davor, auf sie hereinzufallen.

Mehr als einmal habe ich mich im Supermarkt ertappt, wie ich nach einem Produkt gegriffen habe, dessen TV-Spot kurz zuvor meine Aufmerksamkeit erregt hatte. Bei mir haben Süßigkeiten eine Chance, bei anderen sind das vielleicht Schuhe, Schmuck oder das neueste Putzmittel. Bei allen Menschen gibt es eine Vorliebe, die durch die Werbeindustrie kräftig angespornt wird.

Mit unserem echten Bedarf hat das insofern meist wenig zu tun, weil kein Mensch diese Dinge wirklich zum Überleben braucht – vor allem nicht in diesen Mengen. Die Werbeindustrie verbrüdert sich mit dem gierigen kleinen Kind in unserem Inneren, das einfach nie genug bekommen kann.

Das Dumme daran ist eben nur, dass man das Übergewicht oder die Kreditkartenschulden dann wieder sehr mühselig abarbeiten muss. Die Übertreibungen lassen uns postwendend wieder im Hamsterrad landen: länger und härter arbeiten, extra Stunden im Fitnessstudio etc. Und auch hier folgen wir wieder den in unseren Gehirnen installierten Idealen. Die Unternehmen an der Wallstreet, Banker und Aktionäre freut es. Denn egal, was wir machen, immer dienen wir der Wirtschaft.

In Wirklichkeit ist der Großteil unseres Lebens eigentlich darauf ausgerichtet, dass wir gute Konsumenten und brave Wirtschaftsteilnehmer sind.

Unser Daseinszweck soll es sein, als Hamster im Rad die Wirtschaft anzukurbeln? Egal, was wir machen, ob wir Fitnessfanatiker sind oder Eiscreme-Junkies, bio kaufen oder Fertigprodukte: Immer dienen wir dem System. Das ist nicht zu verhindern und nicht zu ändern.

Aber was wir wählen können, ist, welchem System wir dienen. Denn wenn Sie sich bewusst sind, was wirklich Ihre Werte sind, und Ihr Handeln danach richten, installieren Sie automatisch Ihre Werte ins System.

Denn sehen Sie, wir haben es umgedreht und den Bock zum Gärtner gemacht. Das Auto lenkt den Fahrer statt dieser das Fahrzeug. Es würde mehr Sinn ergeben, wenn der Mensch nicht dem System dient und dieses bedient, sondern das System da wäre, um das Leben der Menschen zu verbessern. Letztlich wird es diese Form der Wirtschaft sein, die ein langfristiges Erfolgskonzept darstellt. Die Nachfrage nach Dienstleistungen und Produkten, die das Leben der Menschen verbessern, erleichtern und bereichern, muss man nicht künstlich vorantreiben. Sie besteht und stellt somit ein langfristiges Erfolgskonzept dar.

Wir füllen unsere Wohnungen, Schränke, Körper und unser ganzes Leben, ohne dass wir dadurch wirklich glücklicher würden. Und da wir so beschäftigt sind, all die Dinge zu erarbeiten, einzukaufen, zu pflegen und zu entsorgen, spüren wir bei all der Betriebsamkeit oft gar nicht mehr, was wir wirklich wollen und brauchen.

Allerdings gibt es durchaus eine Trendwende. Aussteiger gab es schon immer. Wie ich feststellte, hat sich eine neue Form von Aussteigern entwickelt, die gar nicht so nach Birkenstock und Bauwagen aussehen. Die neuen Aussteiger hauen auch nicht unbedingt in die Südsee ab. Der neue Aussteiger-Typ entzieht sich nicht völlig, er flieht nicht, sondern wagt den Balanceakt, innerhalb des Systems zu verbleiben und dennoch sein eigenes Ding zu machen. Oft sind diese neuen Aussteiger auf den ersten Blick gar nicht so verschieden von ihren angepassten Nachbarn.

Für mich sind das die neuen Helden. Es sind leise Revolutionäre. Genauer gesagt sind es Evolutionäre, denn sie agieren nicht rückwärtsgewandt. Sie wissen, dass wir nicht zurückkönnen in eine idealisierte Vergangenheit, in der alles angeblich noch besser war. Sie handeln dort, wo sie stehen. Sie machen kleine Schritte, oft leise und unspektakulär. Sie sind wie kleine Helferzellen im Körper der Gesellschaft.

Sie zeigen uns auf, dass der Wandel längst im Gange ist. Menschen lösen sich von Ideen, die ihnen nicht mehr dienen oder die sie so nicht mehr verwirklichen können. Zum Beispiel von der Idee, alles selbst besitzen zu müssen. Wichtiger ist ihnen, dass sie Zugang zu Ressourcen haben. Sie müssen den Garten nicht mehr besitzen. Wichtiger ist, dass sie dort graben, säen und ernten dürfen.

Ich habe viele Tausende von Büchern in meinem Leben gelesen. Ich brauche sie schon lange nicht mehr alle aufbewahren. Drei Regale genügen für alle Bücher, die ich vor Ort benötige. Öffentliche Büchereien sind eine tolle Einrichtung. Irgendwann stellte ich lachend fest, dass 80 Prozent meiner Bücher auch in den Regalen meiner Bekannten und Freunde anzutreffen waren, einfach weil wir die gleichen Präferenzen haben. Ich muss diese Bücher schon lange nicht mehr besitzen. Ich genieße sie und gebe sie wieder weiter.

Es gibt sogar eine weltweite Organisation, in der Menschen ihre Bücher „in die freie Wildbahn entlassen". Die Mitglieder stellen die Bücher in eine weltweite Datenbank ein und teilen mit, wann und wo sie das Buch in der Öffentlichkeit deponieren. Wer es findet, wird gebeten, sich via Internet zu melden. Das ist natürlich keine Bedingung, aber viele machen mit. Sie lesen das Buch und wenn sie genug davon haben, lassen sie es wieder frei. Falls Sie das Thema interessiert, finden Sie auf BookCrossing.com nähere Informationen und atemberaubende Geschichten von Büchern, die durch die Welt reisen.

Das, was man liebt, nicht zu horten, sondern zu teilen, ist ein echter Paradigmenwechsel im menschlichen Bewusstsein.

Auf diesen Aspekt werden wir später noch einmal zurückkommen. Im Moment reicht es, wenn wir uns klarmachen, dass die Menschen, die Ihnen Schuhe, Handys etc. zu verkaufen versuchen, damit zuerst einmal ihr eigenes Bedürfnis nach mehr Geld befriedigen wollen.

Sie selbst sind der Einzige, der wissen kann, ob jedes Jahr ein neues Smartphone, 100 Paar Schuhe etc. wirklich ein echtes Bedürfnis von Ihnen sind oder ob Sie nach diesen Dingen streben, weil das eben jeder macht. Niemand außer Ihnen kann das wissen. Es gibt hier keine Antwort für alle.

Ich selbst lebe aktuell in einer kleinen Einzimmerwohnung, die so groß ist wie früher mein Wohnzimmer allein. Ich benötige viel weniger Platz für Bücher als früher. Ich habe auch kein extra Geschirr mehr für Weihnachten und Besuch an Feiertagen. Ich besitze keine unbenutzten Möbelstücke und horte weniger Kleidung, die mir schon lange nicht mehr passt und gefällt. Und somit brauche ich auch den Wohnraum nicht mehr, um diese Dinge zu lagern. Ich kann deshalb meine Miete in kürzerer Zeit verdienen und verbringe nicht mehr das halbe Wochenende mit der Pflege all meiner Besitztümer. Falls ich doch mal ganz groß feiern will, miete ich für diesen Abend einen Raum an, der über alles verfügt, was ich brauche.

Natürlich ist das nur meine persönliche Lösung und ist diese nicht für andere Menschen geeignet. Ihre würde vielleicht anders aussehen. Mir geht es nur darum, Ihnen Lösungsansätze für alle möglichen und unmöglichen Lebenssituationen aufzuzeigen, denn auch für Sie gibt es Wege zu Ihrem maßgeschneiderten Leben.

Meine Mutter hatte noch ein Wohnzimmer, in dem man nicht essen durfte, weil die Möbel und Teppiche so teuer waren. Das Esszimmer wurde vielleicht fünf Mal im Jahr benutzt und das edle Silber und Kristall wurde länger poliert als verwendet. Nur weil man mit bestimmten Vorstellungen großgezogen wurde, bedeutet das nicht, dass man sie nicht für das eigene Leben abändern dürfe. Es gibt keine Rezepte, die für alle passen. Jeder Mensch ist anders und sogar derselbe Mensch hat mit 20 andere Vorstellungen als mit 50 Jahren. Die Idee, es gäbe eine Art von gutem Leben für alle Menschen, ist absoluter Unsinn.

Eine Freundin von mir ist z. B. fast zeitgleich mit meiner Verkleinerung der Wohnung ihrerseits von einer kleinen Stadtwohnung in eine Riesenwohnung auf dem Land gezogen, inklusive großem Grundstück, Quelle, Wald, Haustieren usw. Für sie ist dies das passende Leben. Mancher will schrumpfen, andere expandieren.

Der echte Wandel, der gesellschaftlich gerade beginnt, besteht darin, dass der Einzelne sich als Individuum ausdrücken kann, jedoch zugleich zum Reichtum des Schwarms beiträgt. Man kann von Phänomenen wie Facebook und Twitter halten, was man will, aber sie sind Ausdruck einer sich verändernden Gesellschaft, in der der Einzelne sich mit anderen vernetzt und sich somit seines Einflusses auf das Ganze bewusster wird.

Die Wirtschaft ist davon nicht ausgenommen.

Darf man politisch korrekt heutzutage überhaupt noch expandieren wollen, wo doch alle Ressourcen knapp sind?

Ständig hören wir, dass alles begrenzt ist.

Das Erdöl geht uns aus, es leben viel zu viele Menschen auf der Erde, es gibt nicht genug Nahrung für alle, die Schweizer sind mal wieder der Meinung, ihr Boot sei voll und die Erstauflage meines letzten Buches ist auch fast vergriffen.

Letzteres stimmt nicht. Aber wenn Sie es mir glauben würden, dann wollten Sie ganz schnell noch ein Exemplar haben, womit meine Lüge zur Wahrheit würde. Mangel ist nämlich absolut umsatzsteigernd.

Da die Schweiz bereits seit Langem den Zuzug von Ausländern strikt regelt, ist ein Schweizer Pass schon seit vielen Jahren heißbegehrt. In der Zeit, bis die Schweiz das Ergebnis der Volksabstimmung umsetzt, werden eine Menge Leute versuchen, noch schnell ins Boot reinzukommen. Die Frage, ob man so nicht erst das Problem erschafft, das man fürchtet, stellt sich nicht nur an dieser Stelle.

Gold glänzt sehr schön, andere Metalle aber ebenso. Jedoch ist Gold knapp und deshalb wertvoll. Das lässt sich auf fast alles übertragen. Wer reich werden will, muss ein Bedürfnis schaffen und die Ressource dann knapp halten. Sofort werden sich alle überbieten, um das Produkt zu bekommen. Ob der Mangel echt oder erfunden ist, kann man oft nicht auf den ersten Blick feststellen. Erdöl wird langsam knapp, deswegen zahlen wir auch immer mehr dafür.

Ich bin mir sicher, dass sich dies keineswegs ins Unermessliche steigern wird und wir dennoch nicht auf die Pferdehaltung zurückgreifen müssen. Da Fortbewegung für uns einen hohen Wert hat, werden wir neue Antriebsformen nutzen. Aber bis dahin werden diejenigen, die Erdöl besitzen, noch ihr Geschäft machen. Bis zum letzten Tropfen.

Mangel ist ein Schreckgespenst, alle haben Angst vor dem Mangel – aber er ist

1.) oft gar nicht real vorhanden und

2.) häufig ein Evolutionsmotor.

„Not macht erfinderisch", heißt es nicht umsonst. Jede Krise ist ein Ruf zur Veränderung, aber zumeist reagieren wir auf anstehende Veränderungen mit Angst.

Wenn ich mich mit Menschen über die Ideen dieses Buches unterhalte, begegnen mir immer wieder die gleichen

Ängste. „Wir können nicht alle teilhaben lassen, es ist nicht genug da." oder „Das Leben ist ein Kampf und jeder ist sich selbst der Nächste."

Am erstaunlichsten finde ich, dass ich diese Argumente fast immer nur von den Menschen höre, die jeden Tag ihres Lebens ein Dach über dem Kopf und Essen auf ihrem Teller hatten.

Sie wissen es also nicht, haben Mangel nie erfahren, sondern sie glauben an ihn – unbewiesen, aber hartnäckig.

Unsere Existenzängste und Mangelgefühle sind überholt. Es gibt in Deutschland relativ gesehen durchaus Armut, und zwar mehr als man denken möchte, aber seit dem 2. Weltkrieg hat hier nie wieder echter Mangel geherrscht. Nicht einmal in der DDR. Dort gab es sehr oft nicht das, was man wollte, aber echter Überlebenskampf existierte auch dort nicht.

Die Angst vor dem „zu wenig" steckt jedoch noch tief in unseren Köpfen. Interessant ist dabei Folgendes:

Wenn ich Menschen begegne, die wirklich schon Not gelitten haben, dann sind diese oft sehr großzügig.

Der Grund dafür ist einfach:

Menschen, die schon wahren Mangel erlebten, haben ihre Stärke kennengelernt; sie haben gemerkt, dass sie den Mangel meistern können. Sie brauchen keine Angst zu haben, weil sie ihren eigenen Fähigkeiten vertrauen. Und das ist auch richtig so, denn jeder von uns ist das Ergebnis einer Jahrhunderttausende alten Kette von Gewinnern in der Evolutionslotterie.

Die Fähigkeit zum Überleben steckt tief in unseren Genen und Instinkten. Ich kann Ihnen versichern, dass Ihr Überlebensinstinkt funktionieren wird, sollten Sie ihn jemals ernsthaft benötigen.

Solange das nicht der Fall ist, ist es völliger Unsinn, auf eine andere Situation als die aktuelle und tatsächliche zu reagieren.

Solange wir aber in unseren Köpfen Notlagen erleben, solange wir Mangel denken, werden wir immer Angst haben, nicht genug zu bekommen. Solange werde ich in meinem Mitmenschen einen Gegenspieler sehen.

Der Unterschied zwischen einem Konkurrenzgedanken und einem Kooperationsgedanken macht in den Ergebnissen den Unterschied zwischen Krieg und Frieden aus.

Ängste zu ignorieren bringt uns jedoch auch nichts. Angst kann man nicht wegwischen, sondern nur mittels eines Realitätschecks aus der Welt schaffen. Deshalb betrachten wir uns in diesem Buch einmal einige dieser Ängste näher.

Viele Ängste haben mit der stetig wachsenden Weltbevölkerung zu tun. Dabei wird Ursache und Wirkung verwechselt. In den armen Ländern werden viele Kinder geboren, weil es weder ausreichende Bildung noch ärztliche Versorgung und auch tatsächlich zu wenig an Nahrung in diesen Ländern gibt. Unter solchen Umständen nur ein oder zwei Kinder in die Welt zu setzen, würde die Chancen auf das eigene genetische Fortbestehen aus Sicht der betroffenen Menschen gefährden.

Das ist reine BioLogik, die wir in der Natur ständig sehen. Ein Frosch, der seinen Laich tausend Gefahren ausgesetzt weiß, produziert diesen in Massen und steckt keine Energie in die Brutpflege. Elefanten jedoch, die vor der menschlichen Bedrohung nur wenig gefährdet waren, haben moderate Fortpflanzungsraten. Sie investieren viel Zeit und Energie in die Aufzucht ihres Nachwuchses, weil sie am Ende der Nahrungskette stehen.

Auch wenn unsere Wahrnehmung für die Teilhabe am Ökosystem Erde auf der bewussten Ebene gering ausgeprägt ist, handeln wir dennoch unterbewusst danach und passen unser Fortpflanzungsverhalten an die umgebenden Bedingungen an.

Sobald Bildung und Wohlstand verfügbar sind, sinkt die Geburtenrate massiv. Die Menschen sind nicht halb so dumm, wie wir immer annehmen. Jemand mit guten Zukunftsperspektiven steckt sein Geld, seine Zeit und sein Wissen lieber in wenige Kinder. Da diese durch Bildung und gute Nahrung Zugang zu einem höheren Lebensstandard haben, ergibt das mehr Sinn, als den Stress zu erfahren, für viele Kinder sorgen zu müssen.

Vor 80 Jahren hatten in Deutschland die meisten Familien mehr als fünf Kinder, so wie es heute noch in den Entwicklungsländern der Fall ist. Sobald das Wirtschaftswunder eintrat und Frauen dank der Pille ihre Schwangerschaften besser planen konnten, haben wir uns blitzschnell in unserem Fortpflanzungsverhalten angepasst. Heute nimmt unsere Bevölkerung kontinuierlich ab. Unter ähnlichen Bedingungen würden die Menschen anderer Nationen zu ähnlichen Ergebnissen kommen.

Sobald Menschen ihr Überleben gesichert sehen, hören sie innerhalb von zwei Generationen auf, sich exzessiv zu vermehren. Dies ist in allen Industrienationen nachvollziehbar. Sicherheit, Bildung und Wohlstand sind die beste Geburtenkontrolle, die es gibt.

In vielen Ländern sind viele Kinder die einzige Altersvorsorge, die Menschen haben. Und Sie wissen ja: „Eine Mutter kann 10 Kinder ernähren, aber es braucht 10 Kinder, um eine Mutter zu ernähren." Solange da etwas dran ist, werden viele Frauen Kinderreichtum als den einzig erreichbaren ansehen.

Es ist nicht genug für alle da: Ist das tatsächlich wahr? Haben wir das wirklich schon ausprobiert? Oder ist das nicht nur eine ziemlich miese Ausrede von sehr ängstlichen

Menschen, um nicht teilen zu müssen? Sollen wir die Armen wirklich verhungern lassen, damit sie sich nicht vermehren? Ist das wirklich unsere Wahl?! Ich persönlich habe nur ein Kind, wobei „nur" nicht stimmt. Es war eine gute Wahl, denn diese Tochter hat alles an Unterstützung und Ressourcen bekommen, was mein Mann und ich zur Verfügung hatten.

Ich habe eine weitere Wahl getroffen: Ich zahle für den Schulbesuch eines Mädchens in Simbabwe. Das ist meine Form von Feminismus, nicht das Verwenden weiblicher Wortformen. Dieses Mädchen wird Bildung erhalten, die sie an ihre Kinder weitergeben kann. Sie wird in ihrem Leben eine Wahl haben. Ihre Kinder werden eine Wahl haben. Es ist meine Form von Entwicklungshilfe. Und ich erzähle Ihnen das nicht, um mich als moralisch darzustellen, sondern weil ich sagen möchte, dass es eigentlich gar nicht so schwer ist, seine eigenen Werte real in die Welt zu bringen. Meine Wahl ist nicht besser oder schlechter als eine andere. Es ist eine von vielen möglichen Arten, auf die jeder versuchen kann, die Welt zu einem reicheren und besseren Ort zu machen. Und wissen Sie auch, was die Schulbildung für ein Mädchen in Simbabwe mich kostet? Gerade einmal 24,- € im Jahr. Ich muss dafür auf gerade einmal ein T-Shirt im Jahr verzichten. Aber es ist kein Verzicht, es ist eine kleine Investition in die Zukunft.

Wenn wir schon dem Märchen vom Mangel lauschen, dann kommen wir an folgender Überlegung nicht vorbei: Wenn wir pflanzliche Nahrung in Tiere stecken, um diese dann zu essen, ist dies äußerst unproduktiv. Man könnte das 10-fache an Menschen vegetarisch ernähren als über den Umweg Rindfleisch.

Das bedeutet nicht, dass man Vegetarier werden muss. Es ist nicht nötig, kollektiv komplett auf Fleischkonsum zu verzichten. Aber ein bisschen weniger wäre in dem Fall mehr wert. Wenn wir nur ab und an bewusst ein Steak oder Schnitzel weniger essen würden, würde dies die Situation bereits deutlich entspannen.

Wenn man dann noch berechnet, was wir alles unnötig produzieren und wegschmeißen, würde dies den Hunger in der dritten Welt bereits deutlich schrumpfen lassen. Haben Sie auch schon mal mitbekommen, dass tonnenweise Tomaten oder Äpfel ins Meer gekippt wurden, um eine künstliche Verknappung herbeizuführen und somit die Preise hochzuhalten? Wie kann man in einer solchen Welt wirklich glauben, es gäbe nicht genug Essen?

Und wenn wir jedes Jahr ein paar Milliarden in die Erforschung von effektiven Nahrungsanbaumethoden stecken würden, könnten wir die Menschheit sogar noch einfacher ernähren.

Stattdessen pumpen wir Geld lieber in die Rüstungsindustrie.

Das Stockholmer Friedensforschungsinstitut (SIPRI) berichtet in seinem Jahrbuch, dass 2011 die weltweiten Rüstungsausgaben mit 1,738 Billionen $ einen neuen Rekordwert erreichten. Auf die USA entfallen davon alleine 710 Mrd. $. Die Rüstungsindustrie ist ein mächtiger Wirtschaftsfaktor. Auch Deutschland verdient nicht schlecht am Geschäft mit Waffen. Auf Deutschland entfielen im gleichen Zeitraum 11 % der weltweiten Rüstungsexporte.

Ist es nicht Wahnsinn, so viel Geld in den eventuellen Kampf um Territorien und Rohstoffe zu stecken, statt für einen Bruchteil dessen Wohlstand für alle zu schaffen und diesen Kampf gar nicht führen zu müssen?

Doch nicht nur in der Rüstungsindustrie sind lauter

Menschen mit seltsamen Werten am Werk. Diejenigen, die aufgerufen sind, die Welt zu ernähren, versuchen stattdessen, die Welt abhängig zu machen. Statt Nahrungsmittel für alle zu schaffen, wendet sich die Agrarindustrie gegen die Freiheit des Menschen, indem sie Hybridpflanzen züchtet. Die Samen dieser Kunstzüchtungen sind nicht fortpflanzungsfähig, womit die Firmen die Menschen immer mehr vom Kauf ihres Saatgutes abhängig machen. Bereits 70 % des Gemüsesaatgutes ist in den Händen der multinationalen Saatgut-Monopolisten, die somit „Eigentümer" dieses Saatgutes werden. Das berichtet u. a. das Demeter Journal 2011. In diesem Artikel fordern Gebhard Rossmanith und Klemens Fischer: „Das Recht auf Saatgut ist ein Menschenrecht wie das auf Nahrung."

Da kann man nur zustimmen.

Die Versuche, sich den Wohlstand der Natur per Urheberrecht unter die gierigen Nägel zu reißen, muten albtraumhaft an, sind aber nur zu real. Die Methoden, die zur Unterdrückung von Abweichlern verwendet werden, sind einschüchternd und enorm effektiv.

Wer sich für das Thema näher interessiert, dem kann ich den Dokumentarfilm „Food. Inc." ans Herz legen. Der Film wurde zwar in den USA gedreht, aber die genannten Konzerne und ihre Methoden sind weltweit anzutreffen.

Auch wenn Mangel einerseits eine sich selbst erfüllende Prophezeiung ist, die sich wie ein Perpetuum mobile selbst am Leben hält, gibt es dennoch auch in Deutschland Armut. Ich kenne viele Menschen, die nur von einem Existenzminimum leben. In einem reichen Land kein Geld zu haben, ist eine erschütternde Erfahrung.

Wer in einem Ballungsgebiet lebt, wo die Lebenshaltungskosten hoch sind, hat es schwer mitzuhalten. Nicht teilhaben zu können an Dingen, die für die anderen Menschen selbstverständlich sind, ist schwierig. Das

Fahrgeld nicht zu besitzen, um sich mit Freunden zu treffen, ständig die gleiche Kleidung zu tragen, nicht mit anderen ins Kino gehen zu können, löst innerlich in den Menschen sehr viel aus, auch wenn sie sich ihre Kartoffeln und ihr Brot leisten können.

Wobei auch das nicht immer gewährleistet scheint. Anders wäre nicht zu erklären, dass die Tafeln in Deutschland jedes Jahr einen steigenden Bedarf feststellen. Nach ihren eigenen Angaben versorgen sie mittlerweile 1,5 Millionen Menschen regelmäßig.

Seine Kinder nicht teilhaben lassen zu können, ist sogar noch schlimmer. Der steigende Anteil der zu versorgenden Kinder und Jugendlichen ist nach Angaben der Tafel besonders besorgniserregend. Was denken Sie, mit welchen Werten diese jungen Menschen ins Leben starten?

Denken Sie, dass diese Menschen Artikel 1 des deutschen Grundgesetzes – „Die Würde des Menschen ist unantastbar" – als gelebten Wert erfahren?

Hartz IV führt in die kulturelle und soziale Isolation. Der längere Empfang von Hartz IV scheint für die Gesundheit ebenfalls nicht zuträglich zu sein. Zumindest liegt diese Annahme nahe, wenn ein Drittel der ALG-II-Empfänger aus Krankheitsgründen nicht vermittelbar ist und die Betroffenen zu Gesundheitskursen geschickt werden. Dies berichtet die „ZEIT ONLINE Beruf" vom 05.04.2012 unter der Überschrift „Gesundheitskurse sollen Jobchancen für Arbeitslose verbessern". Zusammenfassend gesagt:

Es ist genug da, aber wie es verteilt ist, ist beschämend. Die einen essen Steaks von massierten Kühen und andere frieren im Winter.

In Deutschland herrscht kein echter Mangel, sondern soziale Ungerechtigkeit. Auch weltweit müsste kein Mangel herrschen. Dieser entsteht dadurch, dass Menschen Angst vor eigenem Mangel haben und deshalb ihren Mitmenschen nichts abgeben wollen. In den Köpfen der Geizigen ist ihr Mangel real, also bringt es nichts, diese Ängste zu ignorieren und sie zur Großzügigkeit zu zwingen. Am besten wäre, wenn sie sehen könnten, wie sich ihre Mangelgespenster in Luft auflösen.

Wenn Mangel ein Märchen ist, mit dem unsere Angst und damit unsere Gier geschürt wird, stellt sich die Frage: Wofür denn eigentlich?

Aus ideologischen Gründen. Unsere Wirtschaftsordnung, vor allem das Zinseszinssystem, ist auf dem Dogma des ewigen Wachstums aufgebaut. Sie ist darauf angewiesen, dass wir immer mehr wollen, darauf, dass immer mehr produziert und konsumiert wird. Der Fehler in dieser Milchmädchenrechnung besteht jedoch darin, dass es nicht möglich und vor allem auch nicht wirklich sinnig ist, immer mehr kurzlebige Produkte zu erschaffen.

Wieso sollten wir ohne Sinn, Verstand, ohne Nutzen und Ziel, außer dem Drang nach mehr, eine blinde Maschinerie bedienen? Das, was die Ökonomen da erschaffen und wir so lange mitgetragen haben, erinnert an Goethes Zauberlehrling, der die Geister, die er rief, nun nicht los wird.

All unser Streben nach mehr hat eines aus dem Blick verloren: das Wofür. Wenn man Geld als Selbstzweck betrachtet, wird man nie genug haben. Geld ist das Versprechen einer Sicherheit im Morgen, den wir vielleicht nicht einmal erleben. Wir streben dem Geld nach und wissen dessen Früchte oft nicht einmal zu schätzen und zu genießen, weil wir stets der nächsten erhofften Erfüllung hinterherlaufen.

Geld kann uns keine endgültige Sicherheit schenken. Fast niemand besitzt so viel, dass er es nicht auch wieder verlieren könnte. Und niemand von uns weiß, ob er das Morgen, für das er diesen heutigen Tag verschenkt, überhaupt erleben wird.

Es ist unter Ökonomen und Soziologen viel diskutiert worden über die Grundbedürfnisse des Lebens und die Frage, was der Mensch denn nun benötigt, um existieren zu können. Über einige Bedürfnisse sind die meisten sich einig, etwa über Nahrung, Kleidung, ärztliche Versorgung und eine Unterkunft. Andererseits ist ebenfalls klar, dass es auch Bedürfnisse gibt, die über die reine Existenzsicherung hinausgehen. Während die Bedürfnisse der ersten Kategorie weitgehend global sind (auch wenn man in der Karibik andere Anforderungen an Unterkunft und Kleidung hat als in Sibirien), sind die Bedürfnisse der zweiten Kategorie sehr individuell geprägt.
Da ich die Unterscheidung dieser beiden Formen der Bedürfnisse als wichtig erachte, auch in Hinsicht auf die Ausrichtung meiner Argumentation in diesem Buch, werde ich im weiteren Verlauf unterscheiden zwischen:

a) Reiner Existenzsicherung, die für jeden Menschen auf diesem Planeten ab dem ersten Atemzug eigentlich als Grundrecht gelten sollte. Dieses Grundrecht weltweit allen Menschen zugänglich zu machen wird die große Aufgabe der Menschheit des 21. Jahrhunderts sein.

b) Individualbedürfnissen. Die Individualbedürfnisse haben zwar hinter den Bedürfnissen der Kategorie a zurückzutreten, sind aber auf Dauer ebenfalls wichtig für die menschliche Entwicklung. Sie erst bezeichnen den Eintritt der Menschheit in das Zeitalter der Freiheit und Humanität. In der täglichen Realität sind wir davon noch viel zu weit entfernt.

Die Ebene der Individualbedürfnisse ist insofern eine schwierige, als wir hier oft verwirrt sind und scheinbaren Individualbedürfnissen nachlaufen, die sich letztlich nur als Fehlorientierung durch Werbung und Massenmedien herausstellen und nicht als echtes Bedürfnis. Man sollte ein solch künstlich erzeugtes Bedürfnis dennoch nicht unterdrücken. Solange wir diese Bedürfnisse nicht als unecht empfinden, werden wir ihre mangelnde Erfüllung dennoch als Mangel erleben, mit allen daraus resultierenden Problemen. Verzicht sollte der Mensch nicht als durch Vorschriften ausgelöste Einschränkung erdulden, sondern diesen nur freiwillig durch Erkenntnis und Unterscheidungsvermögen üben.

Unerfüllte Bedürfnisse haben die unangenehme Neigung, zu seltsamen Ersatzhandlungen zu führen. Viele der unechten und fremdverursachten Scheinbedürfnisse entspringen nämlich genau dieser Ursache.

KAPITEL 5

KRISE ALS CHANCE

„Krise kann ein produktiver Zustand sein. Man muss ihr nur den Beigeschmack der Katastrophe nehmen." (Max Frisch)

Wie wäre es, Krisen einmal aus einer anderen Perspektive zu betrachten? Mangel z. B. zeigt nüchtern betrachtet zunächst einmal nur an, dass etwas fehlt. Mangel ist kein endgültiger Zustand, sondern immer nur ein momentaner. Mangel zeigt Handlungsbedarf an.

Leider sind wir so programmiert, dass das Wort Mangel Angst in uns auslöst. Angst macht blind. Wenn wir Angst haben, wollen wir fliehen, angreifen oder wir erstarren – wir stellen uns tot. Dies geschieht reflexartig und ist ein Relikt aus der Frühzeit der Menschheit. Falls ein Säbelzahntiger vor Ihnen stehen sollte, ist dieser Automatismus hilfreich. Wenn wir jedoch Angst vor solch abstrakten Dingen wie Überbevölkerung haben, ist er sinnfrei.

Es gibt verschiedene Ebenen und Stufen von Mangel. Wir sind uns sicherlich einig, dass die absolut existentiellen Grundlagen zum Überleben gegeben sein müssen. In weiten Teilen der Welt ist bereits das nicht der Fall.

In westlichen Industrienationen ist Mangel eher selten wirklich noch existenzbedrohend, es verhungern und erfrieren zum Glück nicht viele Menschen in Mitteleuropa. Armut ist jedoch in den letzten Jahren ein stets wachsendes Thema und immer auch ein psychologisches Problem.

Mein Leben als Schriftstellerin führte mich selbst in Situationen des wirtschaftlichen Mangels. Deshalb kann ich die Ängste nachempfinden, die eine unsichere Zukunft verursacht. Ich erlebte, wie es sich anfühlt, in einem reichen Land am Wohlstand nicht teilzuhaben. Für die meisten Menschen ist ihr Wohlleben so selbstverständlich, dass man sich schämt, wenn man hier nicht mithalten kann. Garantiert einer der besten Antriebsmotoren für das Hamsterrad dürfte das innere Bedürfnis sein, dazuzugehören und nicht eingestehen zu wollen, dass man sich bestimmte Dinge nicht leisten kann. Ohne Geld ist man gesellschaftlich schnell ausgegrenzt.

Ich erlebte jedoch auch, dass Mangel eine Chance darstellen kann. Ich wurde in dieser Zeit an Erfahrung reich. Es war eine wertvolle Erkenntnis, dass ich für eine Menge Menschen nur akzeptabel bin, wenn ich mithalten kann. Ich habe erlebt, wem ich wirklich etwas bedeute und wem wirklich etwas an mir liegt. Ich habe gesehen, wer mich anklagte, wer fallen ließ und wer mich unterstützte. Für mich war das eine wichtige Erfahrung, sowohl persönlich als auch für die Thematik dieses Buches. Ich habe mich von Menschen und Dingen getrennt, die ich nicht wirklich benötige. Ich habe festgestellt, auf was ich in meinem Leben verzichten kann und was mir wirklich wichtig ist.

Auch für mein Selbstverständnis als Autorin und für das Thema dieses Buches war dies wertvoll. Wenn ich nicht mit ganzem Herzen das Schreiben lieben würde, hätte ich es damals aufgegeben. Erst in dieser Zeit wurde mir klar, wie wichtig es mir wirklich ist und dass ich auf vieles verzichten kann, aber nicht darauf, das zu leben, was mir wirklich entspricht.

Krisen sind somit auch Bewährungsproben, die man irgendwann gestärkt hinter sich lässt.

Ich habe in dieser Zeit all die kostbaren Dinge kennengelernt, die wenig oder gar nichts kosten. Frische Luft atmen zu können, Natur um sich herum zu genießen, den abendlichen Sternenhimmel zu sehen. Ich lernte, dass eine warme Tasse Tee ein wundervolles Geschenk sein kann. Oder dass das Lachen eines fremden Kindes mir einen Moment des Glücks bescheren kann. Ich erfuhr, dass es Menschen gibt, die mich nie unter einer Brücke landen lassen würden.

Wir müssen verstehen, dass es die kleinen Dinge sind, die einen Menschen glücklich machen und was Reichtum wirklich bedeutet.

In Krisenzeiten können wir uns gesundschrumpfen. Wir können unsere Ziele ändern und nach neuen Wegen suchen. Und wir werden sie stets finden. Wie schon unzählige Generationen vor uns.

Im Nachhinein waren Krisen in meinem Leben immer die Momente, in denen ich über mich hinaus gewachsen bin. War ich zu Beginn noch ratlos oder habe gejammert und mir selbst leidgetan, habe ich später angefangen, nach neuen Wegen zu suchen. Und ich habe sie stets gefunden.

Krisen sind Zeiten der Korrektur, sowohl im Leben des Einzelnen als auch in der Gesellschaft als Ganzes. Probleme arbeiten letztlich für uns. Man muss ihnen nur die Gelegenheit geben.

Das bekannteste Symbol des Wachstumsprozesses ist der Schmetterling. Eine kleine, dicke Raupe verpuppt sich. Wenn sie aus ihrem Kokon schlüpft, ist sie letztlich zu einem völlig anderen Geschöpf geworden. Filigran und leicht entfaltet dieses seine Flügel und fliegt in eine Welt, die der Raupe wohl unvorstellbar erschienen wäre. Ein wunderschönes Bild, nicht wahr? Ich weiß leider nicht mehr, wo ich die folgende Geschichte hörte, aber jemand erzählte einmal, wie er einem Schmetterling aus der hemmenden Hülle helfen wollte. Wissen Sie, was geschah? Der Schmetterling war zu schwach, um zu fliegen. Er hatte die nötigen Muskeln nicht entwickelt, da er sich nicht selbst aus dem Kokon befreit hatte.

Ich begrüße seitdem Krisen mit mehr Hoffnung und Geduld.

Was neue Wege anbelangt, habe ich oft von Menschen lernen können, die wirklich nicht viel hatten. Meine frühere türkischstämmige Nachbarin liebte es, ihre Wohnung neu zu gestalten. Ihr Mann kam öfter einmal abends in eine komplett neue Wohnung. Und das Erstaunliche ist: Sie brauchte dafür keine 15.000 €, sondern nur wenige, geschickt platzierte Elemente. Sie entwickelte ein Auge für einfache Lösungen. Sie machte einen regelrechten Sport daraus, mit wenigen Mitteln etwas Neues zu erschaffen. Selbst wenn sie Geld hatte, bereitete es ihr eine unbändige Freude, ihr Zuhause schnell und einfach immer wieder neu zu erfinden. Sie kann z. B. aus alten Paletten, einem Stück Schaumgummi und einer Bahn Stoff tolle Terrassenmöbel bauen.

An ihr ist eine Innenarchitektin verloren gegangen. Aber vielleicht hat ihr unstillbares Bedürfnis nach Schönheit sie gerade unter den schwierigen Umständen dieses Talent so weit entwickeln lassen. Auch sie gehört zu den wirklich großzügigen Menschen. Sie teilte ihr Talent und ungezählte

Tassen Tee, Kaffee und Umarmungen mit mir. Danke, liebe Dilek.

Insofern kann ich jeden Leser nur auffordern, Mangel oder Krisen im eigenen Leben als Trittstein nach vorne zu benutzen. Jeder Mangel stellt die Frage: Was brauche ich wirklich und worauf kann ich verzichten? Welche Mittel stehen bereits jetzt zur Verfügung? Kann ich sofort etwas tun oder muss ich noch warten? Eine Krise ist die richtige Zeit, um Fragen zu stellen und andere Perspektiven einzunehmen.

Jede Lebenskrise im Leben des Einzelnen, ebenso wie in Firmen oder Staaten, ist immer ein Moment, innezuhalten und Bilanz zu ziehen. Folgende Fragen sind dabei sinnvoll:
- Worin besteht das Problem genau?
- Welche Ursachen liegen dem Problem zugrunde?
- Welche Kurskorrekturen ergeben sich daraus?
- Welchen Schritt in die gewünschte Richtung kann ich sofort machen?

Sollte man hingegen Sündenböcke für seine Probleme ausmachen, kann man übrigens sicher sein, den wahren Grund noch nicht gefunden zu haben. Sündenböcke sind immer ein Ablenkungsmanöver. Sie werden verwendet, wenn man nicht bereit ist, die Verantwortung zu übernehmen. Das verhilft nur zu einer kurzen psychologischen Entlastung, löst das Problem aber nie dauerhaft.

Hilfreich sind dagegen Vorbilder. Wer hat Ähnliches erlebt und wie hat diese Person die Situation gemeistert? Welche Ressourcen hatte sie? Wie kann ich das auf meine Situation übertragen?
Eine Krise ist letztlich immer eine Frage und wenn wir die Antwort gefunden haben, ist ihr Zweck erfüllt.

KAPITEL 6

NATÜRLICHE ÖKONOMIE

„Das Los des Menschen ist an das Los der Natur selbst gebunden." (Teilhard de Chardin)

Einer der Gründe, wieso der Mensch versucht, die Natur zu bezwingen, mag darin liegen, dass er die Natur oft als grausam oder gnadenlos empfindet. Das stimmt in gewisser Weise auch. Sie beschneidet das, was sie als chancenlos ansieht. Aus irgendeinem Grund hat sie vor 65 Millionen Jahren nicht länger auf die Saurier gesetzt, sondern auf kleine Säugetiere. Aus diesen haben wir uns dann letztlich entwickelt. Warum die Natur diesen Weg beschritten hat, wissen wir nicht. Vielleicht ist sie einfach ein Fan von Bäumen. In dem Fall wäre zu hoffen, sie findet keinen besseren Weg als die Menschheit, um genügend Kohlenmonoxid herzustellen.

Jeglicher Biologie wohnt eine Art von Wissen inne, das das menschliche Gehirn bei Weitem nicht erfassen kann. Dem Wortstamm nach bedeutet „Bio" „Leben" und „Logos" heißt sowohl „Lehre" als auch „Sinn, Vernunft". Erneut ist die Sprache hier sehr zutreffend. Das Leben handelt nach einer jeder Existenz innewohnenden Ordnung und umfasst eine Sinnhaftigkeit, die unser bewusster Verstand oftmals nur schwer erfassen kann. Allein die Vorgänge, die in nur fünf Minuten in einem menschlichen Körper stattfinden – all die Zellen, die sich erneuern, die Versorgung und Kooperation aller Zellen und Organe – würden unseren bewussten Verstand bei Weitem überfordern. Wir würden all dies niemals gleichzeitig aktiv steuern können. Wir wären völlig überfordert. Dankenswerterweise ist unser bewusster Verstand dafür aber gar nicht notwendig, denn ein tieferliegendes Programm übernimmt die Lenkung all dieser komplexen Vorgänge.

Dieses tieferliegende Programm, diese BioLogik, ist eine Form der Intelligenz, die unseren bewussten Verstand eigentlich ziemlich alt aussehen lässt. Vielleicht auch ziemlich jung, denn er entwickelte sich vor gar nicht allzu langer Zeit, wenn man das Große und Ganze betrachtet.

Dennoch versucht der Mensch, der nicht einmal seinen eigenen Körper mit seinem bewussten Verstand zu beherrschen vermag, immer wieder, seinen Lebensraum umzugestalten. Dabei handelt er ohne Rücksicht auf die bereits gegebenen komplexen Zusammenhänge der Umwelt.

Unser missverstandener Auftrag, uns die Erde untertan zu machen, anstatt uns als Teil unseres Lebensraums zu betrachten, ist einer der wirklich größten Irrtümer der Menschheit.

Unser aller Überleben hängt davon ab, diesen Fehler zu berichtigen.

Ja, der Mensch ist in der Lage, seine Umwelt zu formen.

Doch oftmals macht er dies ohne Sinn und Verstand, eben ohne Rücksicht auf die gegebene Biologie.

Und nein, hier geht es keinesfalls um eine Zurück-in-die-Höhlen- oder Verzichts-Ökologie. Entwicklung findet stets vorwärts statt. Unsere Technisierung schreitet voran und ist aktuell weder aufzuhalten noch sollten wir sie ablehnen. Es geht nicht um Ökofundamentalismus, sondern um ein wenig mehr Demut und Vernunft im Umgang mit unserem Lebensraum, der schließlich die Grundlage für unser aller Fortbestand ist.

Die ökologische Bewegung hat das Interesse an diesen überlebensnotwendigen Themen geweckt und in den Fokus der breiten Öffentlichkeit gestellt. Ich bin in den 80-ern quasi mit der grünen Bewegung groß geworden.

Unsere Herangehensweise an das Thema Umweltschutz ist jedoch oft von maßloser Überschätzung und Heuchelei geprägt.

Mein Verhältnis zum Thema Umweltschutz änderte sich eines Tages schlagartig durch ein Foto. Auf diesem Bild sah man einen einzelnen Grashalm, wie er sich stark und unbeirrt seinen Weg durch eine Asphaltdecke bahnte. An diesem Tag bekam ich ein bisschen der nötigen Demut zurück und habe ein wenig meinem scheinheiligen, arroganten Egoismus ins Auge schauen dürfen. Die Natur benötigt unseren Schutz nicht. Sie ist viel größer als wir. Wir sind die zerbrechlichen Wesen, die wir zu schützen suchen. Falls wir es übertreiben, erwartet uns das gleiche Schicksal wie jede andere überbordende Gattung. Wir werden entweder auf ein dem Allgemeinen dienliches Maß zurechtgestutzt oder eliminiert.

Die Natur als grausam anzusehen, wird ihr dabei nicht gerecht, sondern das ist unsere persönliche Bewertung.

Biologie ist nicht absichtslos brutal, sie ist nur folgerichtig. Und aus genau diesem Grund wird es Zeit, dass wir als Menschheit ebenfalls langsam anfangen, folgerichtig und biologisch zu denken. Es macht uns auch nicht zu Heiligen, unseren Lebensraum zu erhalten. Es ist einfach nur durch den Selbsterhaltungstrieb vorgegeben, weil wir sonst unser eigenes Grab schaufeln. Im Endeffekt ist es ein Intelligenztest, ob wir den Ast absägen, auf dem wir selbst sitzen. Es wäre sehr bedauerlich, wenn wir dabei durchfallen würden.

Bedeutet das nun, dass wir alle wieder zum Sammeln von Beeren und Flechten von Körben zurückkehren müssen? Nein, wenn wir einer Idee folgen, sind wir oft so fokussiert, dass wir betriebsblind werden. Eine ökologische Gesellschaft braucht keinen strengen, blinden Verzicht einzuführen, sondern nur ein wenig Achtsamkeit. Verzicht an und für sich ist kein bisschen natürlich. Im Gegenteil. Es gibt nichts Verschwenderisches als die Natur. Eigentlich ist verschwenderisch sogar noch untertrieben. Sie ist zutiefst orgiastisch aus der Fülle schöpfend. Schöpferisch eben.

Damit es Sie gibt, haben sich mehr Spermien auf den Weg gemacht, als Deutschland insgesamt an Einwohnern hat. Und das gilt für jeden von uns. All diese Spermien haben ein Wettrennen gestartet und viele Jahre später sitzen Sie hier und lesen diese Zeilen. Die Natur ist opulent. Und sie liebt die Vielfalt, denn jedes Spermium war absolut einzigartig. Die Natur schafft keine Kopien, nur Originale. Aus dieser vielfältigen Fülle sind Sie als Gewinner hervorgegangen.

Insofern ist es nicht verwunderlich, dass der Mensch einen eingebauten Drang zur Expansion besitzt. Wir können diesen nicht leugnen. Dieser Versuch wäre sowohl falsch als auch unmöglich.

Ein Problem bekommt eine Population, egal welcher Spezies, immer erst dann, wenn sie diesen Drang übertreibt. Natur antwortet auf Übertreibungen immer mit einer folgerichtigen Verknappung. Sie strebt nach Wachstum, aber stets nach ausgewogenem Wachstum. Unausgewogenes Wachstum bringt das Ganze aus dem Gleichgewicht.

Ein weiterer wichtiger Aspekt ist, dass man nichts verschwenden kann, was man nicht besitzt. Die Natur kennt keine Schuldscheine, sondern nur Investitionen. Nicht lohnende „Investments" schreibt sie ab. Sie ist hier gnadenlos und großzügig zugleich, dabei jedoch stets folgerichtig.

Deshalb ist jede Form von Umweltschutz, die wir betreiben, immer eine auf unsere eigene Arterhaltung ausgerichtete Bestrebung.

Wie wollen wir ein ungesundes, selbst vernichtendes Wachstum verhindern? Das unvernünftige Streben nach endlosem Wachstum wird durch unser aller Gier verursacht. Sie ist eine kollektive Neurose, an der wir alle leiden. Ist sie heilbar? Wahrscheinlich schon, aber dafür müssen wir sie verstehen. Jegliche Gier entsteht immer aus einem empfundenen Mangel, aus der Angst heraus, nicht genug zu bekommen.

Dabei richtet sich die Gier oft gar nicht direkt auf das, was fehlt, sondern auf einen Ersatz. Ein Mangel an Liebe kann zu einer Gier auf Schokolade führen und ein Mangel an Lebenssinn zu Alkoholismus.

Verzicht zu predigen, wenn wir alle kollektiv dem maßlosen Konsum gierig und süchtig verfallen sind, wird also nicht das erhoffte Ergebnis bringen. Die Moralkeule zerstört leider keineswegs den dahinterliegenden Mechanismus.

Wir müssen uns eingestehen, was uns wirklich fehlt, ob der Drang, 50 Handtaschen zu besitzen, vielleicht etwas mit Dingen wie fehlender Anerkennung und Wertschätzung zu tun hat.

Wenn Gier die dunkle Schwester der Expansion ist, dann ist der Neid der verleugnete Bruder. Beide entstehen aus fehlgeleiteten Wachstumsimpulsen.

Sie zeigen ein Problem an. Wenn wir einem anderen Menschen sein Glück nicht gönnen können, es ihm neiden, dann hat das etwas mit einem eigenen Minderwertigkeits- und Mangelgefühl zu tun.

Ein neidischer Mensch ist demnach niemand, den wir verachten oder auf den wir herabschauen sollten, sondern jemand, der unser Mitgefühl verdient hat. Ihm fehlt etwas anderes als z. B. das größere Auto, das er einem anderen Menschen missgönnt. Uns selbst zu verurteilen oder ein schlechtes Gewissen zu bekommen, sobald uns das Gefühl des Neids befällt, wird das eigentliche Bedürfnis aber ebenfalls nicht stillen.

Falls Sie das nächste Mal selbst einen Anfall von Neid oder Gier erleiden, dann fragen Sie sich, was Sie wirklich, wirklich brauchen und wollen. Welcher Ihrer Werte ruft nach Erfüllung? Ist es Anerkennung? Hätten Sie gerne eine Dosis Wertschätzung? Was auch immer es ist, was in Ihrem Leben fehlt: Stecken Sie die Neid-Energie in etwas Sinnvolles und versuchen Sie das, was Sie wirklich wollen, in Ihr Leben zu holen.

Unser Wertesystem lehnt Gefühle und Antriebe wie Gier und Neid ab, was diese jedoch keinesfalls verringert hat. Ganz im Gegenteil: Die eigenen Antriebe zu verteufeln und zu verdrängen, verstärkt sie nur noch. Somit hat jeder Versuch, die Menschheit mittels Unterdrückung ihrer Antriebe moralisch zu erziehen, meist das Gegenteil des

Beabsichtigten erreicht. Ein verdrängter Antrieb sucht sich seltsame, meist wenig konstruktive Wege.

Die westliche Werteordnung ist die derzeit vorherrschende auf diesem Planeten. Sie ist sehr stark durch die drei monotheistischen Religionen geprägt. Judentum, Christentum und Islam haben sich lange und blutig gegenseitig bekämpft, weil sie sich über die Details nicht einigen konnten und können, aber sie besitzen gemeinsame Wurzeln und Wertvorstellungen. Wir entdecken diese, wenn wir die Schöpfungsgeschichte betrachten, die in leichten Variationen ihnen allen zugrunde liegt. Sie prägte und prägt alle Menschen dieses Kulturkreises, egal, ob sie religiös sind oder nicht.

KAPITEL 7

DER SÜNDENFALL – DIE ETABLIERUNG EINER WERTEORDNUNG

„Wie wir glauben, so denken wir.
Wie wir denken, so handeln wir.
Wie wir handeln, so werden wir.
Wie wir geworden sind, so ergeht es uns. "
(Verfasser unbekannt)

Es sind letztlich keine Gesetze, keine Wirtschaftssysteme und keine Parlamente, die bestimmen, wie eine Gesellschaft aussieht. Die wahre Ursache unserer Probleme liegt immer tief in unserem Inneren. Die Dinge, an die wir glauben, bestimmen unser Verhalten. Wenn wir andere Ergebnisse erzielen wollen, müssen wir nichts Geringeres versuchen, als unser Denken zu ändern. In seiner tiefsten Wurzel müssen wir dafür das ändern, an das wir glauben.

Wenn wir unsere Welt anschauen, die in der Mehrheit immer noch von Armut, Gewalt und Unterdrückung bestimmt wird, dann wird uns klar, dass dahinter ein kranker Geist stehen muss. Jede Geschichte ist immer eine Vereinfachung. Die nun folgende erzähle ich, um die hinter unseren Handlungen stehenden Mechanismen zu verdeutlichen.

Alle kennen die Geschichte von Adam und Eva. Nun hören Sie diese ein bisschen anders.

Adam und Eva saßen im Paradies und waren glücklich. Sie hatten den Geist eines unschuldigen Kindes, kannten keine Zukunfstängste, keine Steuernachforderungen und Investitionsrücklagen. All das hatten sie noch nicht erfunden. Sie lebten ein wenig wie die anderen Tiere, einfach im Jetzt, in Einklang mit der Natur. Sie fühlten sich als Teil derselben und wären nie auf die Idee gekommen, dass die Dinge anders sein müssten als sie waren.

Wie uns berichtet wurde, kam dann die böse Schlange und verführte erst Eva und diese wiederum Adam. Was, nebenbei bemerkt, eine geniale Einführung des Sündenbockprinzips abgibt.

Adam und Eva aßen von dem Baum der Erkenntnis über Gut und Böse und von diesem Baum durfte nur Gott essen. Im Gegensatz zu unserer entstellten Berichterstattung ging es dabei weder um Äpfel noch um Sex. Beides sind natürliche Dinge und deshalb in ihrer Urform erst einmal makellos. Das, was den Menschen aus seinem paradiesischen Zustand fallen ließ, war nicht die Erkenntnis, sondern seine Anmaßung, er besäße eine solche.

In Wirklichkeit löste der Apfel keineswegs Gottgleichheit aus, sondern Wahnvorstellungen. Der Mensch hielt sich für Gott. Er dachte, er wisse, was richtig und was falsch sei, was gut und was böse ist. Der Mensch fing an zu urteilen. Urteil ist ein passendes Wort, denn es beschreibt die Teilung der Welt. Das Urteil trennte den Menschen von der ihn umgebenden Schöpfung. Von da an war er nicht mehr Teil des Ganzen, sondern er meinte, er stehe darüber, müsse seine Welt reglementieren und beherrschen. Er stellte Regeln auf, wie etwas zu sein hat und wie nicht.

Das ist der Moment, an dem die Menschheit kollektiv größenwahnsinnig wurde. Kein Gott vertrieb den Menschen aus einem Garten Eden. Der Mensch vertrieb sich selbst, indem er den Geisteszustand, in dem er sich als Teil des Ganzen betrachtete, verließ, und wähnte sich nun als Herrscher der Welt.

Ab diesem Tag lernte die Menschheit Angst und Ohnmacht kennen. Eine Welt, die nicht so war, wie wir sie uns wünschten, umgab uns. Diese galt es zu beherrschen und zu unterwerfen. Wann auch immer der Mensch diesen Schritt in der Entwicklung tat, er strebt immer noch nach der Beherrschung der Welt. Und obgleich uns das nie auch nur annähernd gelungen ist, halten wir bis heute unerschütterlich an dieser Absicht fest.

Stellen wir uns in unserer netten Schöpfungsgeschichte also vor, wie sich die Handlung dann weiterentwickelte: Wie Adam und Eva dastanden, sich umschauten und über alles zu wissen glaubten, wie es zu sein habe und wie nicht. Auf einmal war es zu warm, zu kalt, zu viel oder zu wenig Regen. Natürlich merkten sie schnell, dass sich etwas verändert hatte. Sie fühlten, dass mit ihnen etwas nicht stimmte. Alles war irgendwie seltsam und nicht richtig. Sie spürten, dass sie nicht mehr Teil der Schöpfung waren. Dass sie dies als Schuld und als Strafe ansahen anstatt als logische Konsequenz ihres Geisteszustandes, dass sie nicht bereit waren, die Verantwortung für ihre Entscheidung zu übernehmen, entspricht ihrem unreifen emotionalen Zustand und in diesem befinden wir uns kollektiv bis heute.

Adam und Eva erlebten sich nun getrennt von der Schöpfung. Sie planten, urteilten und das, was ihr begrenzter, beschränkter Verstand wahrnahm, machte ihnen Angst. Gab es denn auch morgen noch genug zu essen? Mussten sie nicht härter arbeiten, damit sie für schlechte Zeiten genügend Vorräte hatten? Verlief bei der Geburt ihrer Kinder auch alles nach Plan? Würden diese gesund sein?

Ab diesem Zeitpunkt wurden die Dinge beschwerlich und furchterregend. Deshalb verdiente Adam sein Brot im Schweiße seines Angesichts. Eva gebar die gemeinsamen Kinder unter großen Schmerzen. Beide erlebten sich abgetrennt von der Schöpfung und verzweifelt ob der Unsicherheit, die sie umgab. Sie begriffen viele der Dinge, die passierten, einfach nicht. Ein noch größeres Wesen als sie selbst musste dies bewirken. Wenn ihnen etwas Unangenehmes zustieß, musste dieses große Wesen „Gott" wohl wütend auf sie sein. Sie versuchten auf geplante Weise herauszufinden, was gute Ergebnisse lieferte und was schlechte. Sie fingen an, die Dinge zu kontrollieren und stellten Regeln auf. Jedoch gab es bei allem, was sie zu kontrollieren suchten, eine nicht fassbare, für sie nicht begreifbare Variable. Diese war größer als ihre eigenen Pläne und so erschufen sie ihr Gottesbild. Ein alles umfassendes Wesen, das sie belohnte und bestrafte.

In Wirklichkeit war ihre Welt sogar noch viel prächtiger und umfassender als ihr kleinliches Schwarz-Weiß-Bild eines belohnenden und strafenden Gottes. All die vielen ineinandergreifenden Faktoren der sie umgebenden natürlichen Ordnung, die hier komplex zusammenspielten, konnte ihr Verstand nicht fassen.

Adam und Eva wussten es nun einmal nicht besser und versuchten, ihre Kinder nach den eigenen mangelhaften Erkenntnissen zu erziehen.

Durch ihre eigene Realitätsbrille hielten Adam und Eva es für gut, jeden Tag fleißig zu arbeiten, um sich für die Zukunft abzusichern. Da dennoch manchmal etwas schief lief mit ihrer Planung, versuchten sie, den dahinterstehenden Lenker der Welt mit Opfergaben zu besänftigen.

Nach diesem Wertebild erzogen sie auch ihre Kinder: Kain und Abel.

In den meisten Familien ist es so, dass die Eltern sehr viel strenger zum ältesten Kind sind. In unserer Geschichte war das der allseits bekannte Kain. Die ängstlichen und urteilenden Eltern werden Kain in guter Erziehungsabsicht stark zugesetzt haben. Mit dem kleineren Geschwisterkind waren sie schon ein wenig nachsichtiger bzw. der kleine Abel lernte durch Beobachtung des älteren Bruders, was den Eltern gefiel und was nicht. Bis heute ist dies die vorherrschende Konstellation unter Geschwistern.

Vielleicht erzählten Adam und Eva aus erzieherischen Gründen ihren Söhnen, dass Gott mehr Gefallen an Abel als an Kain habe. Vielleicht kamen sie sich sogar noch schlau dabei vor. Ab diesem Tag litt Kain an Minderwertigkeitsgefühlen, Selbstzweifeln und an Mangel. Es mangelte ihm an Zuneigung und Wertschätzung durch seine urteilenden Eltern, die ihr eigenes verqueres Weltbild den Kindern aufdrückten. Der jüngere Sohn Abel sah, wie unbequem es war, nicht den Werten der Eltern zu folgen. Er führte im vorauseilenden Gehorsam brav und angepasst das Leben, das die Eltern als richtig ansahen. Das zweite Kind einer Familie reagiert zumeist auf diese Weise.

Da keiner aus seiner Haut konnte, zogen die Eltern einen Sohn vor, projizierten das Ganze dann nach außen auf den unfassbaren Gott und stürzten damit alle ins Unglück.

Kain, der sich nach Liebe und Anerkennung sehnte, wurde bestimmt immer mehr zum unzufriedenen, rebellischen Querulanten. Der arme, ebenfalls nach Liebe und Anerkennung suchende Abel wurde zu einem angepassten Jasager und Fleißkärtchen-Sammler. Leider sah jeder von ihnen nur die eigene Situation. Kain war das schwarze Schaf der Familie, Abel angepasst und aufopferungsvoll. So fand jeder den anderen zum Speien und sich selbst ungerecht behandelt.

Aus der Warte betrachtet, gerät unser komplettes Konzept von Gut und Böse in eine Schieflage. Eigentlich waren alle Beteiligten bedauernswerte Geschöpfe. Arme ver(w)irrte Opfer der eigenen Fehlsichtigkeit.

Der Mangel an Verstehen, Wertschätzung und gegenseitiger Zuneigung also führte zum ersten überlieferten Mordfall. Wenn man diese Geschichte so betrachtet und mit der Brille dieses Verständnisses unsere persönlichen Beziehungen, unser Wirtschaftsleben etc. anschaut, wird einem einiges ziemlich klar. Wir erkennen unseren Herrschaftsanspruch, unsere Idee, alles zu normieren, unsere Versuche, uns anzupassen, und die Entstehung von Hass, Gier, Neid und Eifersucht.

Alle Abgründe versammelt in einer einzigen Geschichte. Das Traurige daran ist, dass diese sich in unzähligen Variationen ungehindert bis heute wiederholt.

Das ist deshalb der Fall, weil diese Geschichte unser Wertebild widerspiegelt. Der Mensch, der sich als fehlbar und ohnmächtig empfindet und genau deshalb versucht, andere zu beherrschen. Unser Versuch, alles Regeln und Normen zu unterwerfen, und stets den Fehler beim anderen zu suchen. Mit diesen Abgründen in unserer Seele werden wir keine Höhepunkte der Zivilisation erschaffen, sondern stets nur Kampf und Leid hervorbringen. Wir brauchen dringend einen Wandel.

KAPITEL 8

DIE ERLÖSUNG VON NEID UND GIER

„Beneide niemanden, denn du weißt nicht, ob der Beneidete im Stillen nicht etwas verbirgt, was du bei einem Tausch nicht übernehmen möchtest." (August Strindberg)

Der Mangel gebiert hässliche Kinder. Kinder, für die wir uns schämen und die wir verstecken. Es wird Zeit, dass wir das ändern.

Die ungeliebten Stiefkinder, Neid und Gier, gehen Hand in Hand. Beide entstehen aus dem eigenen Gefühl des Mangels. Wenn die eigenen Bedürfnisse nicht erfüllt werden, aber ein anderer (scheinbar) das hat, was wir uns wünschen, dann werden diese Gefühle in uns wach. Und je mehr wir uns ihrer schämen, je mehr wir versuchen, diese zu unterdrücken, umso stärker werden sie.

Folgende Sichtweise kann uns helfen, den Neid zu erlösen: Was auch immer Sie sich wünschen, Sie müssen den ganzen Kuchen nehmen, nicht nur die leckere Deko.

Stellen Sie sich vor, vor Ihnen taucht eine Fee auf und fragt Sie nach Ihren Wünschen.

Und Sie nennen sie. Ich kenne Ihre Wünsche nicht, aber angenommen Sie antworten: „Ich will reich, mächtig und berühmt sein wie Bill Gates." Die Fee antwortet Ihnen: „Du kannst reich sein wie Bill Gates. Aber du musst auch alles andere, was mit diesem Reichtum verbunden ist, leben. Du musst ein Leben führen, bei dem du nie wieder entspannt vor die Tür gehen kannst, ohne dass Menschen versuchen werden, Geld von dir zu erbetteln, dich zu bestehlen und ein wenig von deinem Glanz und Ruhm abzubekommen. Wenn dir jemand sagt, dass er dich liebt, achtet und respektiert, wirst du nie wissen, ob das Geld und die Macht gemeint sind oder du persönlich. Und wer einmal dieses Leben begonnen hat, kann nie wieder zurück."

Wie würden sie reagieren? Was würden Sie der Fee antworten? Wessen Leben wollten Sie haben? Und sind Sie sich da auch ganz, ganz sicher? Es verändert die Perspektive gewaltig, wenn man sich klarmacht, dass man nicht nur ein Stück des Kuchens haben kann, sondern dann den ganzen Kuchen aufessen muss bis zum letzten Krümel, auch wenn man keine Luft mehr bekommt und sich nur noch übergeben möchte. Man kann nicht die Schönheit der Monroe erhalten, ohne ihren Preis zahlen zu müssen. Ihre Kindheit ohne Wurzeln, die vielen Pflegefamilien, sexuellen Missbrauch, innere Haltlosigkeit und Verzweiflung, ihr gewaltsames, frühes Ende usw. Plötzlich erscheint es einem gar nicht mehr so verlockend.

Jeder will eine Million auf dem Konto, aber niemand die 80-Stunden-Woche, die drei Scheidungen und den finalen Herzinfarkt mit 53 Jahren.

Da wir durch unseren urteilenden Verstand den

paradiesischen Zustand der einfältigen Glückseligkeit verloren haben, fühlen wir uns fehlerhaft und gering. Dieses Minderwertigkeits- und Mangelgefühl steckt tief im kollektiven Bewusstsein der westlichen Kultur. Wir wollen höher, schneller, weiter, um uns endlich gut genug zu fühlen und so das verlorene Paradies zurückzuerobern – oder zumindest einen kleinen Ersatz dafür.

Die Wahrheit ist, dass wir nie genug produzieren und besitzen können, um die Krankheit zu heilen, die unsere Kultur kollektiv befallen hat.

Es muss nicht einmal echter Mangel vorhanden sein, damit wir echte Symptome entwickeln. Begleiten Sie mich auf ein kleines Gedankenexperiment:

Mehrere Menschen werden in einem kleinen Raum eingeschlossen und man sagt ihnen, dass die Atemluft nur noch kurze Zeit langen wird.

Je nach Persönlichkeitstyp werden die Reaktionen unterschiedlich sein. Aber nicht wenige Menschen werden anfangen, schwer zu atmen und Symptome eines Sauerstoffmangels entwickeln. Diese werden versuchen, schneller zu atmen, ihr Puls wird steigen, wodurch das Ganze sich noch mehr beschleunigt, bis sie irgendwann zur Schnappatmung übergehen und schließlich kollabieren. Es wird ein echter Kollaps sein – ausgelöst von einem eingebildeten Sauerstoffmangel.

In der Wirtschaft funktioniert das auf die gleiche Weise.

Da Sie diese Zeilen lesen, leben Sie selbst aller Wahrscheinlichkeit nach ein wirklich reiches Leben. Woher ich das wissen kann? Nun, wenn Sie in einer Industrienation leben und Zugang zu Nahrung, Wasser und Bildung besitzen, dann sind Sie im Vergleich zu den meisten Menschen auf der Welt reich.

Ob wir uns reich oder arm fühlen, hängt von unserem

verwendeten Maßstab ab. Deswegen können wir auch wählen, wie wir uns wahrnehmen wollen. Falls Sie einmal das Gefühl von Reichtum genießen wollen, dann habe ich einen geheimen Schlüssel für diese Schatzkammer für Sie: Wertschätzung.

Wählen Sie diese als Ihre Sichtweise und Sie werden anfangen, sich reich zu fühlen. Probieren Sie es selbst aus. Nehmen Sie einmal nichts in Ihrem Leben für gegeben und selbstverständlich. Sehen Sie einmal versuchsweise nicht das, was Ihnen fehlt, sondern sehen Sie das, was bereits schön und gut ist. Das bezieht sich auf Dinge ebenso wie auf Menschen. Freuen Sie sich an jeder Mahlzeit, jeder Dusche, jedem Atemzug sauberer Luft. Genießen Sie Ihre Kleidung, die Müllabfuhr, den Strom und das Lächeln des Nachbarn. Sagen Sie den Menschen in Ihrer Umgebung einmal, was Sie an ihnen wirklich schätzen und Sie werden kleine Wunder erleben. Konzentrieren Sie sich eine Weile auf den Reichtum in Ihrem Leben – egal auf welcher Ebene – und Sie werden merken, was Sie für ein Glückspilz sind. Schließen Sie sich selbst in die Wertschätzung ein. Kritisieren Sie sich eine Zeit lang nicht, sondern erkennen Sie Ihre eigenen schönen Seiten an.

Sie werden merken, dass das gar nicht so einfach ist. Wir müssen das erst wieder lernen. Aber wenn Sie die ersten Glücks- und Hochgefühle kennengelernt haben, die diese schöne Art zu denken und zu leben vermitteln, dann werden Sie mehr davon haben wollen.

Solange wir uns nicht an dem erfreuen können, was wir haben und sind, wird der innere Mangel, den wir erleiden, nicht zu stillen sein.

Fangen Sie an, Wertschätzung für sich und andere zu praktizieren und Ihr Leben wird einen völlig anderen Geschmack bekommen. Und bitte beginnen Sie sofort, denn wir brauchen diesen Wandel sehr, sehr dringend.

Und sobald Sie merken, dass Wertschätzung funktioniert, berichten Sie bitte Ihren Freunden und Bekannten davon. Wie viele von den Menschen, die Sie kennen, finden sich und das eigene Leben im Großen und Ganzen gut? Obwohl wir alle unschätzbare Talente besitzen und von Dingen wie sauberem Trinkwasser umgeben sind, merken wir gar nicht, dass wir einfach anfangen können, uns reich zu fühlen.

Eigentlich leben wir einen gigantischen kosmischen Witz. Lauter hässliche Entlein laufen durch die Gegend und versuchen, die perfekte Entenmaskerade zu spielen. Dabei bemerken sie gar nicht, dass es allen anderen ebenso geht. Weil wir in Wirklichkeit eben alle gar keine Enten, sondern wunderschöne Schwäne sind.

Viele Menschen arbeiten in Jobs, die ihnen oft keinen Spaß machen. Dabei versuchen wir, genug Geld zu verdienen, um uns ein wenig Luxus leisten zu können. So verzichten wir auf viele Momente der persönlichen Erfüllung und Freiheit, um dann für ein oder zwei Wochen im Jahr an einen tollen Urlaubsort zu fliegen. Wenn wir Glück haben, streikt dann auch gerade nicht das Flugpersonal. Wir landen im gebuchten Hotel, das auch halbwegs der Beschreibung entspricht, und sitzen eines Morgens im Urlaub in einem Blumenmeer, atmen die frische duftende Luft, genießen einen leichten Windhauch auf der sonnengewärmten Haut und fühlen diesen einmaligen, einzigartigen Moment der Schönheit unserer Existenz und des Lebens an sich. Leider geht dieser wundervolle Augenblick meist viel zu schnell vorbei. Aber für eine kurze Zeit wurden unsere wahren Bedürfnisse befriedigt und haben wir unsere wahren Werte gelebt. Wir spüren, dass es das ist, wofür wir leben, das, worauf sich unser eigentliches Streben richtet.

Und bereits im nächsten Moment setzt wieder der Fehlgedanke ein. Wir merken nicht, dass wir uns nach der

Blumenwiese und Ruhe sehnen. Stattdessen denken wir, wir müssen mehr verdienen oder wir hoffen, im Lotto zu gewinnen, damit wir endlich mehr Geld haben. Und mit diesem Geld versuchen wir, mehr solch perfekter Momente zu erleben. Also versuchen wir, noch schneller im Hamsterrad zu rennen, um den nächsten tollen Urlaubsort ansteuern zu können. Wir verstehen nicht, dass wir unseren wahrgenommenen Mangel an echtem Leben und Glück nicht durch mehr falsche Dinge ausgleichen können. Mehr harte Arbeit und verzweifelte Anstrengung ist für die meisten nicht die Antwort, sondern die Ursache des Problems.

Wieso machen wir diese Umwege, anstatt uns direkt auf die Blumenwiese zu setzen und glücklich zu sein? Wieso arbeiten wir nicht weniger und legen die Gier und die Hetze ab, die uns in den Burn-out oder Herzinfarkt treiben? Wieso leben wir nicht einfach ein kleines, eigenes, selbstbestimmtes und glückliches Leben?

Es gibt nur eine Lösung, wenn Sie ein glückliches Leben führen wollen: Hören Sie auf, den Phantom-Bedürfnissen nachzulaufen und finden Sie heraus, welches Ihre ganz eigenen und persönlichen Glücksbringer im Leben sind. Und dann folgen Sie diesen unbeirrt und ausdauernd. Dass Sie dabei anderen nicht schaden sollen, versteht sich wohl von selbst.

Nehmen Sie das Ruder Ihres Lebens in die Hand. Sie besitzen einen inneren Kompass – genau wie der von Jack Sparrow in „Fluch der Karibik" zeigt dieser immer auf das Ziel seiner Wünsche. Wir alle besitzen ihn, wir müssen nur wieder lernen, ihn zu lesen und unseren eigenen Kurs im Leben einzuschlagen, statt der Schafherde nachzulaufen.

Freude ist Ihr innerer Kompass. Das, was Ihnen Freude bereitet, was Sie glücklich macht, tief glücklich, das ist es, was Sie wirklich im Leben wollen.

Der Machtfaktor

Fast alle Menschen sind davon überzeugt, dass es Banken, Industrie und Politik sind, die die Fäden in der Hand halten. Sie sind es, die bestimmen, was wir zu machen haben, deswegen haben sie die Macht.

Doch dem ist nicht so!

Macht hat der, der sie zu nutzen weiß. Macht hat der, der andere von seiner Fähigkeit zum Handeln und zur Einflussnahme überzeugt.

Macht hat der, dem wir sie übertragen.

Wenn ich einem anderen die Verantwortung übergebe, übergebe ich ihm auch die Macht. Dieser Gedanke dürfte für viele Leser neu sein. Falls nicht, dann herzlichen Glückwunsch, Sie gehören zu einer verschwindend geringen Minderheit.

Moment, werden viele vielleicht sagen. Es sind ein Prozent der Besitzenden, die die anderen 99 Prozent lenken.

Ja, aber nur, weil die 99 Prozent gerade erst anfangen, ihre Macht zurückzufordern. Solange sie dem einen Prozent die Verantwortung übertragen, anstatt eigene Entscheidungen im Leben zu fällen, hat das eine Prozent scheinbar die Macht. Solange Werbefilme uns sagen, was schön ist, und der Kommentar unserer Nachbarin entscheidet, ob wir unser Kleid weiterhin mögen oder nicht, solange herrschen andere über uns. Dann haben andere die Macht über unser Leben. Was schon irgendwie blöd ist, denn jeder von uns hat nur das eine!

Macht geht zugleich immer mit Verantwortung einher. Die Macht wollen viele, die Fähigkeit, Verantwortung für die eigenen Handlungen zu übernehmen, haben die wenigsten. Immer sind andere schuld. Der Chef, der Partner, die Erziehung, die Gesellschaft, suchen Sie sich aus, was Ihnen gefällt.

Aber all das sind immer nur Ursachen und Umstände. Wenn Sie durch Ihr Elternhaus schlechte Startbedingungen hatten, dann ist das eine Tatsache. Eine wirklich bedauerliche Tatsache. Aber wenn Sie das mit 50 immer noch als Begründung verwenden, warum Sie gar nicht mehr versuchen, ein glücklicher Mensch zu sein, dann wird es dringend Zeit, dass Sie sich Ihre Macht zurückholen. Das gilt für alle Lebensbereiche.

Es ist in den turbulenten Jahren nach der Wiedervereinigung vielleicht ein wenig aus unserem Bewusstsein gewichen: Es waren friedliche, aber entschlossene Bürger, die ihre Macht mit dem Slogan „Wir sind das Volk!" ausdrückten, die das vielleicht größte Wunder des 20. Jahrhunderts vollbrachten. Die Mauer fiel.

Der Film „Django - Unchained" dürfte vielen bekannt sein. Ich liebe ihn. Aber im Gegensatz zu einem unterhaltsamen Hollywood-Streifen ist es nicht einmal nötig, das Herrenhaus abzufackeln und Menschen zu erschießen, um sich seine Macht zurückzuholen.

Macht bedeutet Freiheit. Die Freiheit, über das eigene Leben zu entscheiden – und die Bereitschaft, die Verantwortung dafür zu übernehmen. Letzteres ist der Punkt, der uns oft noch fehlt und weswegen wir mit der Wiedervereinigung bis heute ein Problem haben. Die Mauern und die Machtlosigkeit herrschen oft noch in unseren Köpfen.

Sie werden einwenden, dass es Situationen gibt, in denen ein Mensch keine Wahl hat, in denen er absolut ohnmächtig ist. Ja, es gibt solche Situationen, aber sie sind in der Gesamtheit unseres Lebens ein verschwindend kleiner

Bruchteil. In den meisten Situationen hat man eine Wahl, wir sehen sie nur nicht. Wir konzentrieren uns meist auf das Problem, statt nach der Lösung Ausschau zu halten.

Sogar in sehr ausweglosen Situationen kann noch eine Wahl existieren.

Ein Verwandter von mir kam während des 2. Weltkrieges als 17-Jähriger in russische Kriegsgefangenschaft.

Er und seine Kameraden bekamen eine Schaufel und wurden mit vorgehaltenem Gewehr aufgefordert zu graben. Das eigene Grab. Eine ohnmächtige Situation ohne Wahlmöglichkeiten?

Nun, er sah das anders. Er warf seine Schaufel dem russischen Soldaten vor die Füße und meinte: „Grab selbst." Daraufhin drehte dieser Soldat sein Gewehr um und schlug ihn mit dem Gewehrkolben zusammen.

Mein Verwandter landete grün und blau geprügelt, mit zertrümmertem Schlüsselbein im Lazarett. Doch es kommt noch besser: Im Lazarett begegnete er einer russischen Ärztin, die ihn ins Herz schloss und versuchte, ihn, so gut es ihr möglich war, zu schützen. So wurde er z. B. zum Küchendienst abkommandiert. Halb verrottete Kartoffelreste reichten aus, um zu überleben.

Er kam schwer krank, stark untergewichtig und traumatisiert, aber lebend, nach Hause zurück. Im Gegensatz zu denen, die sich dem vorgehaltenen Gewehr gebeugt, ihr Grab geschaufelt und deshalb diesen Tag nicht überlebt hatten. Natürlich hatte er auch riesiges Glück. Aber alles war dadurch ausgelöst worden, dass er nicht bereit gewesen war, seine Macht abzugeben. Er war bereit gewesen, eine Wahl zu treffen und die Konsequenzen zu tragen. Es sah aus, als würde seine Wahl ihn ein paar Minuten früher sterben lassen als die anderen – aber stattdessen überlebte er.

Wenn ein Mensch, auf den eine Waffe gerichtet wird, eine Wahl hat, dann haben wir alle jeden Tag viele, viele Male die Möglichkeit, unsere eigene Macht zurückzuholen. Der wahre Grund, warum wir unsere Macht auf andere übertragen, besteht darin, dass wir mit ihr die Verantwortung für unser Leben übernehmen müssten. Wir haben Angst vor den Konsequenzen einer mutigen Wahl und wollen der Tatsache nicht ins Auge schauen, wie oft wir eine Wahl treffen, die wir selbst nicht mögen. Wie oft unternehmen wir z. B. gar nichts? Wie oft tun wir, was man von uns erwartet?

Es ist einfacher zu behaupten, man sei nicht für die eigene Lage verantwortlich. Und ja, ich verstehe das gut. Ich habe viel zu oft getan, was man von mir erwartete.

Ich bin in der glücklichen Lage,
1) eigensinnige Vorfahren als Vorbilder zu haben und
2) älter zu werden und dem Hang, gemocht zu werden, immer häufiger widerstehen zu können.

Und mit diesem Buch teile ich dieses Glück mit Ihnen. Damit auch Sie eine Wahl haben.

KAPITEL 9
WIR ERNTEN, WAS WIR SÄEN

„Während wir die Chancengleichheit feiern, leben wir in Wirklichkeit in einer Gesellschaft, wo der Zufall der Geburt zu unserem Schicksal wird." (James Heckman, Wirtschaftsnobelpreisträger)

Bisher wachsen wir auf Kosten der Schwächsten, derjenigen, die sich nicht wehren können.

Letztlich sägen wir damit jedoch den Ast ab, auf dem wir sitzen.

Dabei ist Wachstum etwas Natürliches und der Mensch besitzt den eingebauten Drang sich zu entwickeln. Das Problem entsteht dadurch, dass wir unser Wachstum auf die falschen Bereiche ausrichten. Wir wollen mehr Quantität statt Qualität.

So wie unser Wirtschaftssystem aktuell aufgebaut ist, ist es auf ständiges Produktionswachstum ausgerichtet. Wenn wir ständig mehr produzieren müssen, dann darf der Bürger nicht zufrieden sein mit dem, was er besitzt. Es ist für das Fortbestehen des aktuellen Systems absolut notwendig, immer weitere Bedürfnisse zu wecken, immer neue Dinge zu produzieren und dafür zu sorgen, dass die produzierten Waren nicht lange halten, damit die Menschen neue Produkte kaufen.

In dieser ausgeklügelten Wirtschaftsmaschinerie ist der einzelne Mensch nicht mehr als ein Hamster, der das Rad am Laufen halten soll. Das erscheint im ersten Moment zutiefst unsinnig und unvernünftig. Wieso sollten wir das tun? Damit andere von der Bewegung des Rades profitieren.

Die meisten Menschen verbringen ihr ganzes Leben damit, Produkte und Dienstleistungen zu erschaffen, an denen andere kräftig verdienen. Das mit dieser Beschäftigung verdiente Geld geben sie dafür aus, Plunder zu kaufen, der wieder nur andere reich macht.

Es ist zwar nichts verkehrt daran, andere Menschen reich zu machen, aber man sollte sich von Zeit zu Zeit die Frage stellen, ob und inwiefern diese Form des Lebens einen selbst ebenfalls bereichert.

Deswegen sind so viele Menschen trotz allen Wohlstandes unglücklich und landen entweder in Depressionen oder im Burn-out. In uns existiert ein Gefühl, das man nicht auf Dauer täuschen kann, ein tiefes Bedürfnis nach echtem Leben. Wie dieses echte Leben aussieht, wird jeder ein wenig anders beantworten, denn es hängt von den Werten ab, die Sie wirklich schätzen.

Was wünschen Sie sich wirklich?

Was würde geschehen, wenn wir nach unseren eigenen tiefsten Werten strebten?

Hörte dann unser Neid, unsere Eifersucht, unsere Gier sofort auf? Würden wir einander nicht mehr betrügen, bestehlen und ermorden?

Ich fürchte, ganz so einfach ist es nicht. Wir haben diese Verwirrtheit zu lange gepflegt, als dass sie einfach innerhalb eines Moments verschwinden könnte. Aber das nächste Mal, wenn dunkle Empfindungen uns quälen, wissen wir wenigstens, dass sie eigentlich ein Wahrnehmungsfehler sind.

Bedeutet dies, dass es Gut und Böse nicht gibt?

Diese Frage ist bestimmt zu umfassend, um sie ein für alle Mal verbindlich zu klären. So wie die Menschheit sich entwickelt und voranschreitet, wird sie bestimmt immer wieder etwas andere Antworten auf eine solche fundamentale Frage finden.

Es gibt jedoch eine Sichtweise, die uns in unserer jetzigen Situation ein Stückchen weiterbringen kann. Es gibt Verhaltensweisen, die das Leben und dessen Fortbestand fördern, und andere, die dies nicht tun. Ich weiß nicht, ob man letztere böse nennen kann, aber zumindest sind sie nicht sehr intelligent!

Wir leben in einer Wirtschaftsordnung, in welcher der eine sich auf Kosten des anderen bereichert anstatt zu kooperieren. Das Problem ist, dass keine Instanz existiert, die dabei für einen Ausgleich zwischen Arm und Reich sorgt. Unser Wirtschaftssystem präferiert und fördert ganz eindeutig die Besitzenden und benachteiligt die Besitzlosen. Die reichen Staaten diktieren den armen Staaten die Bedingungen von Verträgen und Abkommen. Und innerhalb eines Staates diktieren die Besitzenden die Gesetze.

Hoteliers haben eine Lobby und können somit in Deutschland in den Genuss von Steuervergünstigungen kommen. Die kleinen und mittleren Einkommen haben jedoch keine gemeinsame Lobby, sondern kämpfen eher gegeneinander. Studenten wettern gegen Rentner und diese schimpfen auf die Arbeitslosen. Menschen, die für wenig Geld arbeiten, sind wütend auf die Firmeninhaber und diese ärgern sich über die Steuern, die ihren Gewinn wegschmelzen. Teile die Massen und herrsche unangefochten über sie, dieses Credo herrschte bereits im alten Rom. Bekannt gemacht hat Machiavelli dieses Prinzip, das bis heute funktioniert.

Unser Staat hat die Gleichheit aller Bürger im Grundgesetz stehen. Wir haben in Deutschland ein gutes Grundgesetz, aber dessen Umsetzung ist bedauerlicherweise manchmal äußerst mangelhaft.

Die Menschen besitzen nun mal keine Chancengleichheit. Das ist eine Tatsache. Wer mir nicht glaubt, dem lege ich das Buch „The Son also Rises" von Gregory Clark ans Herz. In diesem Buch belegt Clark, dass es immer noch die Herkunft der Eltern ist, die am meisten über die Zukunftschancen der Kinder bestimmt. Alle Versuche, soziale Gleichheit zu schaffen, haben daran nichts geändert. Und das gilt interessanterweise weltweit, unabhängig von der Gesellschafts- und Regierungsform. Reiche Eltern zu haben ist auch in einem kommunistischen Land wie China eine gute Startvoraussetzung. „Die Nachkommen der vorrevolutionären Eliten sind im heutigen China immer noch so dominant wie die Kaste der Brahmanen im heutigen Indien", schreibt Clark. Das Phänomen ist weltweit das gleiche, völlig unabhängig von der dortigen politischen und wirtschaftlichen Ordnung. Dass das Elternhaus die Zukunftschancen des Kindes vorherbestimmt, ist auch in Deutschland bis heute eine Tatsache, daran ändern auch BAföG oder Bildungsreformen nichts.

Das ist doch erstaunlich, oder etwa nicht?

Einer der Gründe, wieso sich Gesellschaftssysteme langsam bis gar nicht ändern, ist das Gleichbleiben des dahinterliegenden Wertesystems.

Wenn wir Linsen in die Erde legen, werden wir keine

Chilis ernten können. Wenn wir keine anderen Werte besitzen als Dominanz und Unterwerfung, dann wird auch eine Änderung der Staatsform keine Gerechtigkeit und sozialen Frieden schaffen. Wir ändern die Welt nicht über Verordnungen, sondern indem wir unser inneres Wertesystem, die Wurzel all unserer Handlungen und Entscheidungen, infrage stellen.

Solange wir unsere Wertemaßstäbe nicht korrigieren, werden wir auch unsere Gesellschaft nicht wirklich ändern. Immer noch ist die schlechtere Bezahlung von Frauen in unserem Land tägliche Realität – sogar im Öffentlichen Dienst. Solange wir unser Denken nicht ändern und keine Wertschätzung für „weibliche" soziale Werte entwickeln, wird sich dies auch nicht wirklich ändern, auch wenn die Gleichberechtigung im Grundgesetz verankert ist.

Arbeitgeber hingegen werden wertgeschätzt und deshalb vom Staat gegenüber Arbeitnehmern bevorzugt.
Die Arbeitgeber werden subventioniert. Ein Arbeitgeber kann z. B. die Anschaffungskosten für Maschinen und Wirtschaftsgüter von seinem Gewinn absetzen – sogar wenn diese relativ teuer sind. Ebenso kann ein Unternehmen Löhne und Gehälter als Betriebsausgaben absetzen. Auch hohe Managergehälter, die in keiner Relation zu irgendwelchen normalen Stundenlöhnen stehen. Ehrlich gesagt, würde mich dieser Umstand wenig belasten, denn ich gönne anderen Menschen gerne ihren Luxus. Allerdings erscheint es nicht sehr gerecht, dass Angestellte für gewöhnlich nicht an den erarbeiteten Gewinnen beteiligt sind. Dazu kommt, dass Arbeitnehmer auf vielen ihrer Aufwendungen sitzen bleiben und diese nicht annähernd im gleichen Umfang wie der Arbeitgeber absetzen können.

Wenn ein Firmeninhaber gerne einen Luxusbildschirm

auf seinem Schreibtisch hätte, dann kann er diesen in Form von Abschreibungen letztlich vom Staat indirekt subventionieren lassen. Der hübsche Blumenstrauß direkt daneben gehört zu den Kosten für Repräsentation. All dies ist gewinnmindernd und somit steuersparend. Der Unternehmer erwartet von seiner Sekretärin, dass sie stets elegant gekleidet und adrett frisiert ist. Im Prinzip ist dagegen auch nichts einzuwenden. Jedoch kann sie die Kosten für ihr Kostüm und den Friseur nicht von der Steuer absetzen. Obwohl sie das sehr viel geringere Einkommen hat, hat sie sehr viel weniger Möglichkeiten, ihre mit dem Beruf verbundenen Aufwendungen zurückzuerhalten.

Wenn ein Unternehmen eine Fehlinvestition tätigt, zum Beispiel eine Software kauft, die innerhalb kürzester Zeit veraltet ist, schreibt es sie ab. Somit trägt der Staat, also die Allgemeinheit, diese Fehlplanung mit.
Wenn ein Arbeitnehmer sich einen Anzug kauft, der nach drei Monaten auseinanderfällt, dann bleibt er auf seinen Kosten sitzen.
Ein weiteres Beispiel: Wenn ein Unternehmer sich einen Berater engagiert, weil er als Versicherungsmakler beispielsweise überlegt, Bilder in seinen Geschäftsräumen aufzuhängen, sind das betriebliche Aufwendungen.
Wenn Sie jedoch einen Zeichenkurs belegen, aber nicht im künstlerischen Bereich tätig sind, dann bezahlen Sie den Zeichenkurs und Ihre Materialien selbst. Von genau dem Geld, auf das Sie bereits Einkommenssteuer bezahlt haben. Wenn Sie aber nach 20 Jahren Hobbyzeichnen so gut geworden sind, dass Sie Ihre Bilder verkaufen können, will das Finanzamt plötzlich seinen Anteil am erzielten Gewinn haben. Ihre Aufwendungen von vor 20 Jahren sind mittlerweile verjährt und bringen Ihnen keine Steuervergünstigung. Wo ist das gerecht?
Ein Unternehmer hat die Freiheit, auch einen besonders

teuren Fachmann zu engagieren, um sein Unternehmen und dessen Ausstattung zu pflegen. Wenn Sie sich entscheiden, Bioprodukte zu kaufen, um lange gesund und leistungsfähig zu bleiben, ist dies Ihr Privatvergnügen. In die Entwicklung eines Unternehmens investiertes Geld wird oft von der Allgemeinheit mitgetragen, in die Entwicklung des Einzelnen investiertes Geld in vielen Fällen jedoch nicht.

Somit wird ein Unternehmen oder ein Unternehmer seine Investitionen und sein unternehmerisches Risiko immer ein Stück weit auch auf die Allgemeinheit abwälzen können, ein Arbeitnehmer hat solche Gelegenheiten meist nicht.

Wieso aber investiert der Staat nicht in seine Bürger? Sind diese ihm das nicht wert? Wieso sind manche Menschen mehr und andere weniger wert? Sie können die Kosten für eine Privatschule für Ihre Kinder teilweise von der Steuer absetzen. Aber dafür müssten Sie erst einmal so viel verdienen, dass Sie sich eine solche Schule auch leisten können. Der Staat hat ja sogar recht, dass er die Privatschulen steuerlich begünstigt, denn deren Absolventen haben bessere Berufschancen, sie werden später mehr verdienen und damit wiederum mehr Steuern zahlen. Zumindest ist das zu hoffen. Die Absolventen dieser Eliteschulen werden mit großer Wahrscheinlichkeit auch anderen Menschen Arbeitsplätze zur Verfügung stellen und somit die Gesellschaft als Ganzes stärken. Aber wieso haben die Besitzenden diese Rechte und die Besitzlosen bleiben außen vor?

Es geht keineswegs darum, den Besitzenden ihre Rechte wegnehmen zu wollen. Der Wohlstand eines Staates liegt ganz stark im Wohlergehen und Funktionieren des Unternehmertums begründet. Es geht nur darum, die Ausgangslage der sogenannten Besitzlosen zu stärken, die Chancenungleichheit nicht noch weiter zu forcieren, damit die Schere nicht noch weiter auseinandergeht.

Wie das Buch von Gregory Clark belegt, wird diese Chancenungleichheit aber gar nicht durch die Form des Staates oder der Politik geändert.

Wir sind es, Sie und ich, die sich ändern müssen. Wir sind es, die die Verantwortung für unser Leben übernehmen müssen.

Der Grund, wieso die Kinder reicher Eltern ebenfalls reich werden, liegt nicht allein in den besseren Schulen begründet. Es liegt nicht nur an der Bildung und daran, dass diese Kinder in den richtigen Kreisen verkehren. Es ist vor allem die Art, wie sie denken, es ist ihre Werteordnung, die für den Erfolg sorgt. Wenn Sie das nächste Mal jemanden beneiden, dann beobachten Sie ihn genau. Hassen Sie ihn nicht – lernen Sie von ihm.

Dass der Stärkere den Schwächeren nicht übervorteilen sollte, das sagt uns ein ganz tief verwurzeltes Empfinden für Gerechtigkeit. Leider ist unser Mangelbewusstsein stärker und so hat jeder Angst, ein Stück von seinem Kuchen abzugeben.

Am einfachsten geht das, indem man
1) sich einredet, dass der andere es nicht wert sei. Wenn man den anderen schlecht macht, ihm die Wertschätzung verweigert, dann erscheint es ganz normal, ihn nicht teilhaben zu lassen.
2) Distanz zum anderen empfindet. Wenn wir eine persönliche Verbundenheit empfinden, sind wir viel eher bereit zu teilen und zu helfen. Deswegen berühren uns Einzelschicksale viel mehr als eine anonyme Masse an Armen. Wenn Sie im Fernsehen in einem Flüchtlingscamp jemanden entdecken würden, den Sie kennen, oder den

Angehörigen eines Freundes dort sehen würden, dann würden Sie sofort versuchen, Hilfe zu organisieren.

Was vermittelt Ihnen das Wort Fürsorge? Eigentlich bedeutet es: Der Stärkere sorgt für den Schwächeren. Dies ist etwas zutiefst Menschliches und Schönes. Eine Mutter handelt fürsorglich gegenüber ihren Kindern, zumindest wenn sie emotional gesund ist. Wir Menschen haben eine lange, lange Geschichte, in der wir füreinander gesorgt haben. Wir wissen aus Grabfunden, dass bereits die Höhlenmenschen ihre Kranken pflegten und gegenseitig füreinander sorgten.

Aber heutzutage hat das Wort Fürsorge ganz oft den Beigeschmack des sozialen Scheiterns. Die Fürsorge ist ein altmodisches Wort für das Sozialamt und ein Mensch, der dieser Fürsorge bedarf, gilt als sozial gescheitert und schämt sich oft dieses Umstandes. Nicht anders ist zu erklären, warum viele Menschen, gerade auch aus der älteren Generation, eher jeden Cent umdrehen, als die staatlichen Fürsorgeleistungen auszuschöpfen. Was ist mit uns los, dass ein solch wunderschönes Wort wie Fürsorge seine liebevolle Menschlichkeit verloren hat?

Sozialdarwinisten glauben, es sei angemessen, dass die Starken die Schwachen knechten. Ein Argument dafür, wieso die Besitzenden den Besitzlosen zu Chancen verhelfen sollten, ganz fernab von jedem moralischen Humanitätsgedanken, hatte sogar schon der alte Bismarck verstanden: Das Solidaritätsprinzip erhält den sozialen Frieden.

Wenn Hartz IV nicht wäre, würde kein Reicher in diesem Land mehr ruhig schlafen können, so einfach ist das. Gerade diejenigen, die auf dem Prinzip des „Survival of the fittest" bestehen, würden keinesfalls zu den „Fittesten" gehören, wenn sie nicht vom herrschenden System gefördert und geschützt würden.

Wenn wir schon beim Darwinismus sind, dann können wir uns doch auch gleich wieder einmal genauer in der Natur umsehen.

Wie bereits erwähnt, besteht ein ganz elementarer Fehler im Wertebild der westlichen Zivilisation darin, dass der Mensch sich selbst als die Krone der Schöpfung ansieht – und glaubt, sich über alle anderen Lebensformen stellen zu können. Es stimmt, der Mensch ist das am weitesten entwickelte Wesen auf diesem schönen Planeten. Dennoch ist er nur eine Spezies unter vielen und kann ohne die anderen nicht überleben. Schon allein weil er Nahrung benötigt. Die Erde, die die Menschheit sich untertan machen wollte, ist um so vieles älter als der Mensch. Wir hängen von ihr ab und nicht umgekehrt. Ihre Unversehrtheit garantiert unseren Lebensraum und den vieler anderer Arten. Die Krone gebührt allein der Schöpfung selbst und nicht einem ihrer vielen Produkte.

Wenn wir von einem lange so gut funktionierenden System umgeben sind, könnte es durchaus Sinn ergeben, dessen Funktionsweisen und Mechanismen zu beobachten und ggf. nachzuahmen. Wenn wir dies tun, werden wir feststellen, dass unsere Ökonomie, so ausgeklügelt sie im Detail auch scheinen mag, in weiten Teilen bereits widernatürlich ist. Dies ist ihr Schwachpunkt.

Jedes System, jede Nische in der natürlichen Ordnung ist aufgerufen, sich zu entwickeln und zu wachsen, insofern ist Wachstum gut. Aber jedes Wachstum stößt irgendwann an seine Grenzen. Eine Spezies, die diese Grenze erreicht und überschreitet, wird einen Rückgang ihrer Population erleben. Ein Finanzsystem, das auf permanentem Wachstum von Produktion und Ertrag beruht, kann nur bis zu einer gewissen Grenze funktionieren. Nichts wächst unendlich – alles, was sich über jedes Maß hinweg ausdehnt, wird von natürlichen Gegenkräften eingedämmt.

Ökonomen und Biologen haben meist wenig Kontakt zueinander. Zu unterschiedlich scheinen die Wissensgebiete und Ansichten. Es wird Zeit, das zu ändern.

Es gibt einen sehr interessanten und innovativen Forschungsbereich, die sogenannte Biomimikry. Diese Wissenschaft beobachtet natürliche Systeme und Mechanismen und überträgt deren Mechanismen auf andere Bereiche, z. B. zur Effektivitätssteigerung von Maschinen. Die Erkenntnis, dass die Natur sich seit Jahrmillionen selbst evolutioniert, hat in der Technik langsam Einzug gehalten. Wir dürfen hier aber nicht halten, denn wir können von der Natur auch das Wirtschaften lernen.

Die Natur liebt Wachstum, sie ist geradezu orgiastisch, was Vermehrung anbelangt, bis ... ja, bis es genug ist. Und für das Genug fehlt uns Menschen völlig das Gespür.

Die Natur sorgt für ausbalancierende Gegenkräfte und für ein harmonisches Gleichgewicht. Wenn es zu viele Hasen gibt, überleben mehr Füchse. Haben diese sich aber zu stark ausgebreitet und fressen zu viele Hasen, wird es ihnen an Nahrung mangeln, weshalb der Bestand sich wieder verringert. Die Natur beherrscht die Kunst der Expansion. Sie achtet dabei stets auf die rechte Balance. Genau das gilt es für uns zu lernen. In der Ökologie genauso wie in der Ökonomie, denn die Natur kennt kein endloses Wachstum. Die Spekulanten an der Börse jedoch glauben an ein solches. Vielleicht glauben sie aber auch nicht daran, sondern versuchen einfach nur, so viel wie möglich zusammenzuraffen, bis das System wieder einmal kollabiert. Egal, was sie glauben oder nicht, ihr Verhalten schadet dem großen Ganzen. In einer natürlichen Ordnung würden sie nicht weiter vom System getragen.

Ein weiteres Naturgesetz, das wir nicht beachten, lautet: Man kann nichts aus dem Nichts erschaffen. Für Wachstum braucht es Substanz. Die Natur ist eine Meisterin des Wachstums, sie schafft Großes aus einem ganz kleinen Samenkorn, aber sie benötigt zuvor diese Substanz, und sei sie noch so gering. Ein winziges Senfkorn genügt.

Geld kann nicht mehr Geld hervorbringen. Das ist unmöglich – eher läuft Angela Merkel übers Wasser. Wenn Geld mehr Geld in Form von Gewinnen erbringt, dann kann dies nur geschehen, indem vorher jemand das Geld in etwas Reales, wie ein Unternehmen, gesteckt hat und durch reale Arbeit Gewinne erwirtschaftet wurden. Gewinne können also ebenfalls nicht aus dem Nichts entstehen.

Da Geld selbst keine Substanz besitzt, kann es sich auch nicht vermehren. Geld ist immer nur der angenommene oder geglaubte Tauschwert einer echten Ware oder Dienstleistung.

Es braucht etwas Reales dahinter, sonst ist es reine Illusion. Je nachdem, wie groß der Glaube an die Substanz ist, steigen und fallen die Preise für Wertpapiere. Auch Geld ist ein Wertpapier.

Der Bereich Finanzen hat unglaublich viel mit Vertrauen, Glauben und Übereinkunft zu tun. Der Wertverlust einer Währung hängt somit immer mit einem Vertrauensverlust zusammen. Aus diesem Grund fühlten die europäischen Staaten sich auch zur Einrichtung des Euro-Rettungsschirms gezwungen. Hätte man die maroden Banken sich selbst überlassen, wäre das gesamte Vertrauen in den Euro verloren gegangen. Ein nicht absehbarer und sehr realer Schaden für viele Menschen wäre die logische Konsequenz daraus gewesen.

Eine Frage, die seitdem seitens Finanz und Politik leider nicht beantwortet wurde, besteht darin, wie man Wiederholungen verhindern will. Denn wenn wir unsere Wertebilder und unser Handeln nicht ändern, können wir auch keine anderen Ergebnisse erwarten als in der Vergangenheit. Dann enden irgendwann die Möglichkeiten von Rettungsschirmen.

Die klassische Aktie, als Anteil an einer Firma, besitzt zumindest einen Kern an Substanz. Der Firmenwert lässt sich in einer Bilanz anhand des Eigenkapitals minus der Verbindlichkeiten ablesen. In normaler Sprache ausgedrückt: Was besitze ich und muss ich einem anderen davon noch etwas abgeben? Eigentlich können das bereits Grundschüler nachvollziehen. Eine Weisheit, nach der an den Börsen leider deshalb nicht gehandelt wird, weil mit angenommenen, zukünftigen Ergebnissen spekuliert wird.

Wenn man mit Geld spekuliert, das einem nicht gehört, sondern nur anvertraut wurde, wäre ein hohes Maß an Verantwortungsbewusstsein angebracht. Aber nicht so auf dem Parkett des schnellen Geldes. Wenn die Träume platzen, sagen dort alle: „Oh, das war eine Blase" – und jagen der nächsten hinterher.

Bitte missverstehen Sie das nicht. Träume sind ein wichtiger Antriebsmotor für menschliches Handeln, sie können aber nur dann eine Zukunft erschaffen, wenn sie durch reales Handeln zu materiellen Ergebnissen führen. Das findet aber z. B. beim Derivatehandel gar nicht statt. Mittlerweile werden im großen Stil Wetten auf etwas gehandelt und keine Werte selbst. Wenn jemand reich werden kann, indem er darauf wettet, wann alle merken werden, dass ein Papier keinen Wert besitzt, dann steckt keinerlei Substanz dahinter. Momentan macht ihn dies aber dennoch reich. Es gibt einen Spielfilm, der ein solches

Geschehen beschreibt. „Der große Crash – Margin Call" lässt einen die Mechanismen und Denkstrukturen hinter den Glasfassaden ein wenig verstehen.

Da die Banken im Besitz unseres Geldes sind, sind sie momentan unangreifbar. Die Banken verwalten das Geld. Wenn wir diese fallen lassen, wird der Glaube an unser Geld erschüttert. Und sobald er erschüttert wird, wird dessen realer Wert rapide sinken.

Es mag sein, dass viele Politiker korrupt und rückgratlos sind – aber selbst wenn sie allesamt Idealisten wären, würden sie dennoch vor der Macht der Banken stehen und keinen Ausweg kennen, der nicht das ganze Gebäude in den Abgrund reißen würde.

Wir können es uns als Gesellschaft, als Ganzes, nicht leisten, die Banken selbst die Folgen ihrer Maßlosigkeit tragen zu lassen. Während der Zypernkrise sahen wir auch weshalb. Die Banken hatten mit dem Geld ihrer Kunden gewettet und als diese dann an der fälligen Zeche beteiligt werden sollten, intervenierte sogar die russische Regierung. Wenn man genau hinsieht, ist sehr deutlich sichtbar, wer wirklich die Macht in den Händen hält.

Zypern ist sehr klein, die zypriotischen Banken eigentlich relativ unbedeutend, dennoch konnte die Weltwirtschaft es sich nicht leisten, diese Banken ungebremst gegen die Wand fahren zu lassen. Die Finanzmacht der Banken hat Regierungen und Völker zu Geiseln gemacht. Ganze Länder werden gezwungen, selbst unvernünftigste Forderungen zu bedienen, weil ansonsten das ganze Haus mit Namen „Europa" zusammenfällt. Dass man in Zypern die Sparer zumindest zum Teil am entstandenen Schaden beteiligte, war ein mehr als ungewöhnlicher Schritt. Und bestimmt nur deshalb möglich, weil der Großteil der Geschädigten russische Oligarchen waren und der Schaden sowie das öffentliche Mitleid sich in Grenzen hielten.

Natürlich tragen Banken und Regierungen die Schuld an der Wirtschaftskrise, die Schulden werden aber mit Sicherheit die Bürger tragen. Fragt sich nur welche. Darum geht es doch seit 2008 in Wirklichkeit: Wer zahlt die Zeche?!
Was dabei besonders traurig stimmt, ist der Riss, der die endlich zusammenwachsenden Hautfarben, Nationen und Religionen wieder anfängt zu trennen. Es geht schon wieder das Gespenst von „den Deutschen", „den Spaniern" und „den Griechen" um. Teile, herrsche und vor allem verschleiere, was wirklich geschieht, scheint die Devise zu sein, die doch eine gemeinsame und offene sein sollte. Das fehlende Geld ist nicht beim normalen Bürger gelandet, egal welcher Nation. Das ist mit Sicherheit in ganz andere Taschen geflossen. Also worum streiten wir dann in Europa? Es geht um die Schuldfrage in moralischer Hinsicht und um die Schuldenfrage in materieller Hinsicht. Leider bringt der Streit über die Schuldfrage uns weit weg von konstruktiven Lösungen.

Die Schuldfrage ist nur als Ursachenanalyse sinnvoll. Damit man den gleichen Fehler nicht erneut begeht. Ansonsten stellt die Schuldfrage ein Hindernis in unseren Köpfen dar, das uns von der Suche nach Lösungen ablenkt. Es ist kein Zufall, dass Schuld und Schulden den gleichen Wortstamm haben. Die Schuldfrage bezieht sich auf die moralische Ebene und die Schuldenfrage auf die materielle.

Momentan ist die Frage nach der für die Schulden eine Art Suche nach dem Schwarzen Peter. Und wie in diesem Spiel will keiner die Schuld auf sich nehmen. Was fehlt, sind Menschen, die die Reife besitzen, Verantwortung zu übernehmen. Stattdessen wird zum Sündenbock-Modell gegriffen.

Es ist für mich unfassbar, wenn Menschen in Griechenland sich einreden lassen, „die habgierigen Deutschen" seien schuld. Ebenso unfassbar wie Stammtischparolen über „die Griechen" als säumige, faule Menschen. Jede Seite verteufelt die andere. Ehrlich gesagt habe weder ich die versickerten Milliarden jemals zu Gesicht bekommen noch Dimitrios aus Athen oder Nikosia. Wenn wir uns besser fühlen, können wir uns natürlich dennoch gegenseitig böse sein – aber ich will es ehrlich gesagt nicht. Ich denke, er ist ein weitgehend freundlicher und meist korrekter Mensch und ich bin ebensolches auch.

Schuldzuweisungen werden unser gemeinsames Problem, denn das ist für uns als Bewohner des „Hauses Europa" nicht zu lösen.

Stellen wir uns Europa wirklich einmal als Haus vor:

Dimitrios und ich sind also Nachbarn. Ich finde ihn manchmal etwas laut und er mich ein wenig kühl. Wir verstehen einander oft nicht, aber bisher hatten wir auch keine wirklichen Probleme miteinander, bis ... ja, bis irgendein Rabauke den Abfalleimer in der Eingangshalle umgeworfen und den Müll dort verstreut hat. Davon, dass Dimitrios und ich uns gegenseitig anschreien und verdächtigen, wird sich die unschöne Lage nicht ändern. Der wahre Täter ist leider unerkannt verschwunden. Stellen wir uns nun unrealistischerweise vor, Dimitrios und ich glauben uns dann doch gegenseitig, trotz aller Vorurteile gegeneinander, dass wir es nicht waren. Das wäre schon mal ein guter erster Schritt. Einer, der dringend nötig sein wird, denn ohne diesen werden wir unser Problem nicht gelöst bekommen. Immer noch liegt der Müll in unserer Eingangshalle herum. Wir merken, dass uns nichts anderes übrig bleibt, als ihn einzusammeln. Glückwunsch. Wir sind erwachsen geworden und haben gelernt, Verantwortung zu übernehmen. Verantwortung hat nicht zwingend etwas mit dem Verursacherprinzip zu tun. Klar, als Verursacher sollte man die Verantwortung übernehmen. Aber wenn ein Verursacher dazu nicht gewillt ist, dann bleibt als Lösung des Problems nichts anderes übrig als verantwortlich zu handeln.

Dimitris und ich sammeln nun also den Müll ein. Das war eine gute Entscheidung, denn er und ich verstehen uns nach gemeinsamer Anstrengung besser. Wir haben zusammen erst geschimpft und dann irgendwann Witze gemacht und er findet mich jetzt gar nicht mehr so kühl und ich habe auch nichts mehr gegen seine Lautstärke.

Leider ist die Wahrscheinlichkeit hoch, dass wir weiterhin Schmutz und Vandalismus in unserem Haus vorfinden werden, denn wir haben den Verursacher bisher nicht gefunden. Denn noch besser fände ich es, wenn Dimitrios und ich zusammen einen Wein trinken könnten, statt alle paar Tage den Müll einzusammeln. Genau das wird nämlich auch weiterhin passieren, wenn wir das Problem nicht ausfindig machen und lösen.

Unsere Wirtschaft besitzt eingebaute Systemfehler. Deswegen kommt es alle paar Jahrzehnte spätestens zu einem Finanzcrash. Der letzte ist allerdings in Wirklichkeit noch gar nicht vorbei. Wenn dieses Buch dazu beitragen kann, dass wir erwachsen werden und Verantwortung übernehmen, dann wäre das hervorragend. Wenn es jedoch darüber hinaus sogar noch dazu führen könnte, dass wir nicht immer wieder neu anfangen müssen und die Menschen nicht immer wieder aufs Neue um ihr Geld und ihren Lohn betrogen würden, dann könnten wir wirklich anfangen, in eine gute Zukunft zu gehen.

KAPITEL 10

SCHULD UND SCHULDEN

"Beklagte man ehemals die Schuld der Welt, so sieht man nun mit Grauen auf die Schulden der Welt." (Arthur Schopenhauer)

Vom ersten Tag an sagen uns andere. was wir zu tun und zu lassen haben.

Als Kind ist diese Bevormundung noch notwendig, denn wenn unsere Eltern uns nicht den richtigen Rahmen geben würden, in dem wir uns einerseits entwickeln können, uns andererseits jedoch kein Schaden zustößt, könnten wir nicht überleben. Für Säugetiere ist dies eine erprobte und erfolgreiche Methode. Zumindest bis sie flügge sind.

Der interessante Unterschied zwischen unseren tierischen Verwandten und uns besteht darin, dass Tiere das ausagieren, was ihnen innewohnt. Der Mensch hat diese Instinkte oft versucht zu lenken und zu unterdrücken. Er versuchte dadurch, sich über das Tierreich und die Regeln des Fressens und Gefressenwerdens hinaus zu entwickeln. Es ist der Preis, den wir meinen, für ein zivilisiertes Dasein zahlen zu müssen.

Regeln sind durchaus sinnvoll. Ohne sie funktioniert eine Gesellschaft nicht. Die Frage ist nur: Welche Regeln braucht man und wer stellt sie auf? Und wer stellt sie infrage, wenn sie keinen Sinn mehr ergeben?

Alle drei monotheistischen Religionen gehen auf einen gemeinsamen Ursprung zurück. Egal, ob man Anhänger einer dieser drei Religionen ist oder nicht, der Glaube an die Schuldhaftigkeit des Menschen steckt tief verwurzelt in der westlichen Zivilisation und hat uns alle geprägt. Auch die Atheisten unter uns sind innerhalb dieses Wertebildes aufgewachsen.

Es ist für uns heutzutage kaum vorstellbar, dass eine Geschichte wie die des Sündenfalls und der Vertreibung aus dem Paradies tief im kollektiven Bewusstsein so vieler Völker verankert und kulturentscheidend sein soll.

Wie auch immer das zu erklären sein mag: Fakt ist, dass die westliche Zivilisation ein tief gestörtes Verhältnis zur Natur und zur eigenen Position in der Welt hat.

Die Idee, Schuld behaftet und nicht gottgefällig zu sein, hat großes Leid über die Menschheit gebracht. Die Idee, aus dem Paradies vertrieben, zu einem Leben der Arbeit und des Schmerzes verflucht worden zu sein, scheint sich zur selbst erfüllenden Prophezeiung entwickelt zu haben. Die Auswirkungen dieses Denkens und Handels sind unermesslich.

Im neuen Testament steht hingegen: „Nach eurem Glauben soll euch geschehen." Das ist wahr. Eben jener Glauben erschafft unser Denken. Dieses wiederum beeinflusst unser Handeln und somit unsere gesamte

Gesellschaft. Der Mensch erschafft die Welt nach seinen Vorstellungen. Die Vorstellungen, die unsere Zivilisation hervorgebracht hat, waren von Schuld geprägt.

Schuld und Schulden bedingen einander. Ein Mensch, der eine Schuld trägt, hat diese zu bezahlen. Moralische Schuld versuchen Menschen oft mittels einer Wiedergutmachung zu tilgen. Wenn jemand eines Verbrechens für schuldig befunden wird, wird er vielleicht seiner Freiheit beraubt und muss ins Gefängnis. Oft wird eine moralische Schuld aber auch mit Geld bezahlt oder eine finanzielle Schuld muss mit einem Gefängnisaufenthalt beglichen werden. Bis heute verurteilen Richter Menschen zur Zahlung von Geldstrafen, die sie in Tagessätzen beziffern. Kann oder will der Verurteilte die Summe nicht bezahlen, muss er ins Gefängnis.

Schuld ist also tief mit Unfreiheit verbunden. Und Geld zu haben wird deshalb oft innerlich mit dem Gedanken an Freiheit gleichgesetzt.

Sowohl die emotionale als auch die finanzielle Last von Schuld kann, wenn sie zu hoch wird, Menschen auf das Erschreckendste verändern und sogar vernichten. Die meisten Menschen reagieren mit Selbstablehnung, Verzweiflung oder Wut auf ein Leben in Schuld. Sie beginnen, sich entweder als ohnmächtiges Opfer der Umstände zu empfinden oder kämpfen um ihre Freiheit. Beachtenswert ist, dass wir dazu neigen, anderen die Schuld zuzuschieben, sobald wir uns selbst als Opfer der Umstände wahrnehmen. Irgendjemand muss die Schuld tragen, also sind wir hier sehr erfinderisch. Wir kennen das alle. Immer ist jemand anderes schuld, der Mann, die Kinder, unsere Eltern, der Verkehr, das Wetter, die Gesellschaft etc.

Wir alle machen Fehler, es gibt keine perfekten Menschen. Wir scheinen jedoch zu glauben, wir dürften keine Fehler machen. Etwas falsch zu machen, setzen wir mit Unvollkommen und Schuld gleich. Also ist irgendjemand anderes an unserer Misere schuld. Wir haben Angst davor, anderen unsere Fehler einzugestehen. Wer Angst vor seiner Schuld hat, übernimmt jedoch keine Verantwortung. Schuld ist defensiv und zerstörerisch, Verantwortung ist aktiv und sucht nach Lösungen.

Erst wenn wir den Mut haben, Verantwortung für unser Handeln zu übernehmen, werden wir in der Lage sein, neue Wege zu beschreiten. Schuld ist immer mit Unfreiheit verbunden. Die Übernahme von Verantwortung stärkt Menschen, gibt ihnen ihre Macht und damit ihre Freiheit zurück.

Das gilt sowohl für die persönliche Ebene als auch für die der Finanzen.

Den Lohn für Verdienste streichen wir gern selbst ein, Verfehlungen sollen die anderen ausbaden. Und genau das passiert auch bei der Schuldenkrise: Jeder schiebt die Schuld auf die anderen und das verhindert den Wandel.

Ein von Schuld getriebener Mensch handelt zutiefst zerstörerisch. Der Grund dafür ist, dass er in innerer Knechtschaft lebt.

Dabei ist Schuld eine Lüge. Die Natur kennt keine Schuld. Sie kennt nur Investitionen. Der Apfelbaum, der seine Früchte und den Samen seiner künftigen Generationen an jeden gibt: egal, ob Fliege oder Pferd, Mensch oder Wurm; dies ist das Prinzip der Natur. Biologie kennt keine Schuldscheine.

Natürliche Ökonomie würde bedeuten, dass jedes Wesen seiner Natur gemäß lebt und somit zum Erblühen des Ganzen beiträgt. Die Natur stellt Überleben durch Vielfalt und Großzügigkeit sicher. In der Summe zahlt sich dies immer aus.

Übernehmen Sie Verantwortung. Diese ist das Gegenteil von Schuld! Schuld impliziert immer, dass wir etwas unterlassen haben. Das mag stimmen oder auch nicht. Aber Schuld ist immer mit der Vergangenheit verbunden. Sie können diese nicht mehr ändern. Der einzige Moment, über den Sie Macht haben, ist der jetzige. Und indem Sie diesen nach besten Möglichkeiten und Wissen nutzen, erschaffen Sie Ihre Zukunft.

Ein Mensch, der Verantwortung übernimmt, rennt nicht weg, er antwortet auf die Herausforderungen, die das Leben an ihn stellt. Und er wird dabei Fehler begehen, unweigerlich. Das gehört zum Menschsein dazu. Ein verantwortlicher Mensch rennt nicht vor Fehlern weg. Er steht zu ihnen, lernt und wächst an ihnen. Auf diese Weise findet Entwicklung statt. Dabei gilt:

Sehr kluge Menschen begehen Fehler nur einmal.

Die meisten Menschen wiederholen Fehler mehrmals.

Aber nur faule und dumme Menschen machen gar keine Fehler.

Ein Mensch, der sein Bestes gibt und sich keine Schuld einreden lässt, lebt ein glückliches Leben. Dieser Planet ist ein wahrer Garten Eden, seine Schönheit und sein Reichtum immens. Wir haben immer im Paradies gelebt, nur in unseren Köpfen nicht. Das ist der Grund dafür, weshalb wir uns das Leben zur Hölle machen.

Sie werden nun vielleicht einwenden, dass es doch nicht sein könne, dass es keine Schuld gibt. Manchmal würden Menschen Unrecht begehen, etwas Falsches machen, dann müssten sie doch dafür bezahlen. Ja und nein.

Ja in dem Sinne, dass sie Verantwortung übernehmen. Nein im Sinne einer Bestrafung. Bestrafung ist als

Erziehungsmethode bereits bei Kindern letztlich völlig ungeeignet. Bestrafung zerstört Vertrauen, es verbiegt Kinder und oft bricht es sie sogar.

Es ist jedoch wichtig, darauf zu bestehen, dass das Kind die Verantwortung für das eigene Handeln übernimmt (in einem seinem Alter und seinen Möglichkeiten entsprechenden Umfang). Es ist dem Versäumnis der sogenannten antiautoritären Erziehung geschuldet, wenn dies ins Gegenteil verkehrt wird. Es ist für einen Menschen absolut notwendig, die Verantwortung für die eigenen Handlungen zu übernehmen. Die Auswirkungen des eigenen Handelns zu erkennen, erschafft starke, verantwortungsbewusste und selbstbestimmte Menschen. Ein erwachsener Mensch, nicht dem Lebensalter, sondern der psychischen Entwicklung nach, steht zu seinen Handlungen. Er ist ein wahrhaft mündiger Bürger.

Was bedeutet das für unser Geldsystem? Und was bedeutet das für unsere Gesellschaft?

Wenn ich meine Kreditkarte überzogen habe, muss ich es nicht zurückzahlen, weil es keine Schuld gibt? Doch. Falls Sie Schulden haben sollten: Tragen Sie die Verantwortung, zahlen Sie das Geld zurück und sei es in noch so kleinen Beträgen. Seien Sie definitiv ein erwachsener Mensch. Sie werden sehen, dass es Sie positiv verändert, wenn Sie zu Ihren Handlungen stehen.

Es wird Sie auf eine viel tiefere Weise innerlich befreien, als jemand anderem die Schuld für Ihre Lage in die Schuhe zu schieben. Sie werden danach stärker und aufrechter sein. Und zukünftig genauer hinsehen, wofür Sie sich Ihr Geld aus der Tasche ziehen lassen.

Was ist, wenn man tatsächlich nicht in der Lage ist, Gelder zurückzuzahlen? Dann geben Sie dennoch Ihr Bestes. Und nach einiger Zeit belassen Sie es dabei. Im deutschen

Insolvenzrecht besteht die Möglichkeit, nach einer „Wohlverhaltensphase" von sechs Jahren vom Rest seiner Schuld befreit zu werden. Innerhalb der sechs Jahre hat man jeden Euro, der über dem eigenen Existenzminimum liegt, zur Begleichung der Schuld zu verwenden.

Auch in früheren Kulturen gab es ähnliche Gesetze, die es Menschen nach einiger Zeit ermöglichten, neu anzufangen.

Bei moralischen Verfehlungen sollte man ähnlich verfahren. Versuchen Sie, Wiedergutmachung zu leisten, soweit es möglich ist. Wenn es bei dem geschädigten Menschen nicht möglich ist, die moralische Verfehlung nicht wiedergutzumachen ist, weil er tot oder nicht erreichbar ist, dann machen Sie es an einem anderen Menschen oder der Allgemeinheit wieder gut. Geben Sie Ihr Bestes und machen Sie es wie mit einer Geldschuld: Irgendwann ist es genug. Übernehmen Sie Verantwortung, aber lassen Sie sich niemals von Schuld versklaven.

In seinem Buch „Schulden – Die ersten 5000 Jahre" berichtet der Autor David Graeber über die zerstörerische Kraft der Schulden und setzt unsere Art zu denken mit jener der Conquistadores in Süd- und Mittelamerika gleich, hinter deren Brutalität und Rücksichtslosigkeit er Schulden als Ursache sieht. Sein Buch erschien 2011 in deutscher Sprache bei Klett-Cotta.

David Graeber ist Anthropologe und seine Sicht auf die Entwicklung des Geldes sehr aufschlussreich. Nach der Lektüre seines Buches wurde mir der Unterschied zwischen einer Anwartschaft auf Leistung/Gegenleistung innerhalb eines sozialen Verbundes und der Geldschuld bei einem völlig Fremden sehr viel klarer.

Ökonomie innerhalb des eigenen sozialen Umfeldes, innerhalb der Familie und des Freundeskreises, ist auf ein viel größeres Gleichgewicht angewiesen und wird allein deshalb weniger zerstörerisch sein.

Leistung und Gegenleistung finden hier vielschichtiger statt und ein Ausgleich ist somit leichter zu erzielen. Durch die soziale Nähe ist mehr Anteilnahme vorhanden. Das eigene Schicksal ist den anderen nicht gleichgültig.

Eine Schuld, die wir einem Bankinstitut gegenüber haben, besitzt jedoch ein sehr viel zerstörerisches Potenzial. Die Bank hat keinerlei Antrieb, uns die Begleichung der Schuld leicht zu ermöglichen. Wenn ich die Hypothek für eine Immobilie nicht aufbringen kann, ist es der Bank im besten Fall gleichgültig, auf welche Weise sie ihr Geld bekommt. Im schlechtesten Fall verdient sie noch zusätzlich daran, dass das Objekt bei der Zwangsversteigerung billig von einer Tochterfirma der Bank aufgekauft wird. Verkauft wird es dann erneut teuer. Vielleicht wird dem neuen Käufer von der Immobilienfirma gleich noch ein günstiger Kredit der mit ihr verbundenen Bank angeboten. Ein Geschäftsmodell, bei dem immer nur einer gewinnt· die Bank.

Aber auch bei einem Schuldner ist die Motivation, eine Schuld zu begleichen höher, wenn er dem Geldgeber nahesteht. Es ist etwas anderes, ob man seine Schuld bei seiner Tante oder bei einer Bank begleicht.

Das große Problem beim Entstehen einer natürlichen Ökonomie ist, dass unsere Gesellschaft auch wirtschaftlich auf dem Prinzip der Schuld aufgebaut ist. Sobald wir erwachsen sind und für unseren Lebensunterhalt selbst aufkommen, sind wir ständig damit beschäftigt, uns unser Anrecht auf unser Überleben, auf Nahrung und Wohnung zu erarbeiten. Nicht wenige Menschen schaffen es dabei nicht, genügend Einnahmen zu erarbeiten und landen früher oder später in der Schuldenfalle. Wir denken nicht gerne darüber nach, aber der Großteil der Bürger besitzt nicht genügend

Rücklagen für eine längere Zeit ohne Einkommen. Dieser Umstand sorgt dafür, dass viele Menschen sich nicht wirklich frei in ihren Entscheidungen fühlen.

Vom ersten Atemzug an sind wir einem System unterworfen, das kein anderes Ziel kennt, als uns zu einem gut funktionierenden Zahnrad dieser Maschinerie zu machen. Unsere ganze Erziehung, unsere Schulen usw. sind nicht darauf ausgelegt, uns zu glücklichen Menschen zu machen, sondern zu einer möglichst gut zu melkenden „Geldkuh" hochzupäppeln.

Jeglicher Zugang zu Grundbedürfnissen wie Wohnung, Nahrung und Kleidung ist nur über die Zahlung von Geld möglich. Jeder Mensch, sobald er keine elterliche Pflege mehr erhält, ist darauf angewiesen, Geld zu verdienen. Es ist in unserer hochspezialisierten Gesellschaft nicht mehr möglich, sich einen Fisch zu fangen, ein paar Felle umzuhängen und aus einigen Zweigen eine Behausung zu bauen. Wo dies jedoch nicht mehr möglich ist, ist der Mensch verpflichtet, sich Geld zu beschaffen. Dementsprechend kreist das Denken ständig um die Mehrung dieses Zahlungsmittels, da ansonsten das eigene Überleben bedroht scheint.

Deswegen sind viele so auf Geld fixiert. Dabei landen wir oft bei Tätigkeiten, die uns gar nicht liegen. Der Jäger und Sammler wäre vielleicht ein guter Sportler. Leider kann fast niemand von einer Karriere als Sportler leben. So machen wir ihn in bester Absicht zum Buchhalter. Alle, die ihn in diesen Beruf drängen, meinen es gut und haben überzeugende Argumente. Ihn erwartet eine saubere und gut bezahlte Arbeit, gute Einkommens- und Aufstiegschancen. Die Argumente klingen prima, aber was denken Sie, wie sehr das der wahren Natur des Jägers und Sammlers entspricht? Wird er ein glückliches Leben führen?

Dieses System macht einem Menschen die Unabhängigkeit nicht leicht. Die anscheinend immer vorhandene Zwangslage des Gelderwerbs prägt auf das Entscheidendste unsere Sicht auf die Welt und unseren Platz darin.

Solange wir kein natürliches Wirtschaftssystem entwickeln, werden wir auch keine dauerhaft funktionierende Gesellschaft aufbauen können.

Die Natur ist, im Gegensatz zum Menschen, ein langfristiges Erfolgsmodell. Sie ist viel zu umfassend, als dass der Mensch sie auch nur ansatzweise berechnen könnte. Wir sind selbst mit unseren Hochleistungsrechnern nicht einmal imstande, eine verlässliche Wettervorhersage abzugeben. Eben weil die vielfältigen Einflüsse und Kausalzusammenhänge zu komplex zusammenwirken. Eine kleine Abweichung in der Berechnung führt eben dazu, dass sie weit entfernt ist von der sich tatsächlich ergebenden Realität.

Dennoch meinte der Mensch immer wieder, die Natur „verbessern" zu müssen und sorgte dabei stets für Fehlentwicklungen. Ein bekanntes Beispiel sind eingeschleppte Arten, die das Gleichgewicht durcheinanderbrachten und die Tiere ausrotteten, die dort ursprünglich beheimatet waren.

Der Expansionsdrang des Menschen wird in Kombination mit Kurzsichtigkeit und arroganter Skrupellosigkeit oft zerstörerisch.

Es könnte uns schlicht und ergreifend einfach nicht schaden, wenn wir versuchen würden, uns besser in unsere Umwelt einzufügen und von ihr zu lernen.

Leonardo da Vinci, dessen beeindruckender Geist die Menschen bis heute fasziniert, hatte zwei besondere Eigenschaften:

1. Er beobachtete die Natur und imitierte sie.
2. Er dachte fachübergreifend. Er war Maler, Bildhauer, Anatom, Mathematiker, Ingenieur und Naturphilosoph.

Bei der Menge des heutigen Wissens ist eine unglaubliche Spezialisierung nötig. Diese Spezialisierung sorgt jedoch oft auch dafür, dass die Fachleute eines Gebietes unter sich bleiben. Dabei wären Kooperationen zwischen den Fachleuten sehr fruchtbar. Es gibt in den letzten Jahren einige erfreuliche Ansätze in dieser Hinsicht. Intelligenz bedeutet, eine Erkenntnis aus einer Erfahrung auf eine andere Situation übertragen zu können. Deswegen sollten sich dringend interdisziplinäre und interkulturelle Gruppen mit der Lösung der aktuellen Probleme der Menschheit auseinandersetzen.

Wie da Vinci sollten wir der Natur, als der genialsten Erfinderin aller Zeiten, öfter auf ihre geschickten Finger schauen. Die Natur entwickelt sich immer weiter, ohne Unterlass sucht sie nach Wegen der Erweiterung und Optimierung.

Was die Natur ebenfalls auszeichnet, ist ihre große Flexibilität. Sie kennt Regeln, aber keine Dogmen. Letztere verstellen uns Menschen oft den Blick. Die Natur würde auch niemals an einer Sackgasse festhalten, nur weil sie schon so viel in sie investiert hat. Ein Weg, der nicht funktioniert, wird verlassen. Versuchen Sie dieses Konzept mal einem Steuerrechtsexperten oder dem Vatikan vorzuschlagen. Da wäre ich gerne dabei.

Zwei ganz wesentliche Faktoren, wie Ressourcen in der Natur behandelt werden, lauten:

1) Wertschätzung

Die Natur handelt grundsätzlich wertschätzend gegenüber den vielfältigen Arten. Jede Spezies hat ihre Vorlieben entwickelt, indem sie sich zum Beispiel an besonders nährstoffreichen Nahrungspflanzen orientiert. Dennoch käme keine Ameise oder Biene auf die Idee, Pflanzen, die sie selbst nicht nutzt, zu zerstören. Bei Bienen zum Beispiel werden manche Blüten besonders gerne angeflogen. Aber es scheint ziemlich unvorstellbar, dass Bienen Verachtung für etwas potentiell Wertvolles entwickeln und versuchen, dieses auszurotten. Wir sind dagegen oft blind für den Wert anderer. Das ist die Ursache für Totalitarismus in jeder Form und dieser ist bei Weitem kein Monopol von faschistoiden Rechten.

2) Teilhabe

Die Natur handelt kooperativ und großzügig. Dies ist ihr Erfolgskonzept. Mit Verknappung reagiert sie immer erst auf ein Ungleichgewicht. Die aktuelle Verknappung von Ressourcen ist keineswegs natürlich verursacht. Sie ist u. a. durch die Industrienationen und deren Bestehen auf unkontrolliertes Wachstum ausgelöst. Sie ist durch Gier und Verteilungskämpfe entstanden. Dabei würde die Menge an Nahrung rechnerisch durchaus für alle langen. Wir Menschen handeln aktuell leider kein bisschen kooperativ. Weder mit anderen Spezies noch untereinander. Unser Glauben an Mangel und an Einzelanstrengungen hat uns in eine Sackgasse geführt. Da dieser Glaube sich als Fehler erwiesen hat, wird es Zeit, dass wir einen anderen Weg einschlagen.

Das übergroße Bevölkerungswachstum durch Hungerkatastrophen zu bremsen, scheint keineswegs zu funktionieren. Im Gegenteil, je weniger Überlebenschancen ihre Nachkommen haben, umso mehr müssen die Menschen in den betroffenen Gebieten zeugen. Gebt den Armen Bildung, Sicherheit und Perspektiven und sie werden sich auf weniger Kinder beschränken. Sie sind arm und verzweifelt, aber nicht dumm.

Die Aufgabe der stärkeren Industrienationen wäre es eigentlich, die ärmeren Länder in ihrer Entwicklung zu fördern. Dabei meine ich keine Entwicklungshilfe, die überteuerte Maschinen in Länder stellt, in denen sie keiner bedienen und reparieren kann. Ich denke auch nicht an Entwicklungshilfe, die die Menschen von Hilfslieferungen abhängig macht oder den Menschen anderer Kulturen die eigene Werteordnung überstülpt. Ich meine Hilfe zur Selbsthilfe.

Stattdessen haben die Industrienationen mit den armen Ländern das Gleiche gemacht wie die Finanzhaie mit Otto Normalverbraucher: ausgenutzt und für dumm verkauft.

Sie haben die Rohstoffe geplündert, die Menschen als billige Arbeitskräfte missbraucht und geglaubt, sie müssten ihre überlegene Weltordnung noch in die hintersten Winkel des Regenwaldes exportieren. Wir machen das sehr arrogant und sehr berechnend. Weil Bäume im Gegensatz zu Geld nachwachsen. Es ist immer noch das gleiche unfaire Spiel wie zur Zeit der Kolonisierung Amerikas. Glasperlen und Schnaps im Tausch gegen wertvolle Güter. Jemanden zu übervorteilen, der nicht weiß, auf was für einen Deal er sich einlässt, ist ein böses Foul. Leider scheint es keine Schiedsrichter für Global Player zu geben.

Die Instrumentarien, die eigentlich ein solches Spiel regeln sollten, haben versagt. Diese Regulierungen sind Aufgabe der Staaten.

Aber die Staaten, das sind wir. Die Bewohner dieser

Länder. Solange wir unfairem Handeln nicht durch Verweigerung unserer Beteiligung den Boden entziehen, sind wir passive Mittäter. In Deutschland wissen wir, dass man auch durch das Dulden von Unrecht an diesem teilhat.

Die Verantwortung tragen wir alle gemeinsam als Kollektiv. Die Spekulanten in der Wirtschaft handeln moralisch nicht einwandfrei, aber Banken und Weltkonzerne haben Gewinnerzielung als oberste Priorität, nicht Ethik. Wir sind es, die diese Ethik einfordern müssen. Wir dürfen unser Geld nicht denen geben, die uns den höchsten Zins versprechen, sondern denen, die nachhaltige Gewinne schaffen. Wenn wir anfangen, nicht nur Geiz geil zu finden, sondern auch Qualität und soziales Engagement, kann Wirtschaft echte Gewinner hervorbringen.

Wieso machen wir nicht die Unternehmer reich, die ihrerseits die Welt bereichern und verbessern?

Die Staaten hätten eigentlich Reglementierungen für gerechtes Wirtschaften vorgeben müssen. Aber das ist der Witz an der Sache. Gesetze werden von den Politikern der gewählten Parteien beschlossen. Und die Parteien finanzieren sich durch Spenden. Deswegen regiert Geld die Welt.

Insofern werden Gesetze oft nicht nach fachlichen und vernünftigen Gesichtspunkten erlassen, sondern nach partei- und machtpolitischen. Es stellt sich durchaus die Frage, ob denn ein Politiker seine Verpflichtung für das deutsche Volk überhaupt erfüllen kann. Kann jemand, der sich dem Willen seiner Partei zu unterwerfen hat, die wiederum von Spendengeldern am Leben gehalten wird, überhaupt seinem Eid auf die Verfassung nachkommen, ohne in Gewissenskonflikte zu stürzen?

Es gibt natürlich auch inhaltliche Diskussionen in den Parteien selbst, aber letztlich muss der Angehörige einer Partei allein schon deshalb genau wie seine Parteifreunde abstimmen, weil er weder deren Wohlwollen verlieren noch die Position seiner Partei schwächen will. Somit sind die meisten Politiker nicht unbedingt für ihr Rückgrat und ihre Unabhängigkeit bekannt, sondern eher für das Fehlen derselben.

Aber noch einmal: Wir, als Gesamtheit des Volkes, haben eben genau diese Strukturen und Zustände die ganzen Jahre über nicht angezweifelt und nicht zu ändern versucht.

Wir setzen also Füchse in den Hühnerstall und wundern uns, wenn die meisten Eier gefressen statt ausgebrütet werden? Sind die Füchse daran schuld und nicht doch wir ebenso? Wie sollen Politiker, deren Parteien von der Wirtschaft finanziert werden (siehe Flick-Affäre bzw. den Sturz von Kohl), frei und unabhängig wohldurchdachte Entscheidungen treffen können? Die enge Verflechtung von Wirtschaft und Politik liegt in der Natur der Sache und insofern ist es aufgrund mangelnder Unabhängigkeit oder Einsicht gar nicht zu erwarten, dass der einzelne Abgeordnete anders gehandelt hätte.

Interessanterweise heißt es im Art. 21 des Grundgesetzes: „Die Parteien wirken bei der politischen Willensbildung des Volkes mit." Schade, dass es nicht umgekehrt ist.

Ja, Politik und Wirtschaft tragen die Verantwortung für ihr Handeln.

Aber wir haben sie auch nie aufgehalten. Wir waren uns nie unserer Mitverantwortung bewusst. Wir haben uns für ohnmächtig gehalten. Wir haben vergessen, dass wir das Volk sind und dass nichts zu tun auch ein Statement ist.

Denn wir sind das Volk. Solange Parteien unseren Willen bilden, statt dass der demokratische Volkswillen die Parteien beeinflusst, haben wir eben genau die Ergebnisse vorliegen, die wir sehen.

Parteien wollen gewählt werden und Firmen ihre Produkte verkaufen. Sie sind von unserer Unterstützung abhängig, nicht umgekehrt! Insofern ist es letztlich der Volkswille, der bestimmt, was in Politik und Wirtschaft geschieht. Es sei denn, dieses Volk lässt sich stattdessen bestimmen und läuft blökend den Wölfen im Schaffell hinterher. Wir Deutschen haben mit dem Hinterherlaufen Erfahrung.

Aber aus Erfahrung wird man auch klug.

Alle Macht geht vom Volk aus. Das Bewusstsein dieser Macht brachte friedlich eine scheinbar unüberwindbare Mauer zum Einsturz. Eine grandiose Stunde in unserer Geschichte. Leider sind wir danach kollektiv vorm Werbefernsehen eingeschlafen bzw. haben uns auf der Jagd nach dem neuesten Handymodell und Klingelton im Hamsterrad um den Verstand und ins Burn-out gerannt.

Dieses Buch wurde für normale Menschen im realen Leben geschrieben. Viele Ökonomen sind von diesem weit entfernt, das ist die Crux. Und vor allem beschäftigen sie sich meist mit abstrakten Theorien, mit Statistiken und Berechnungsformeln, aber sehr selten mit den Werten hinter den Werten.

Umso mehr freue ich mich über einen Buchtitel, der sich mit ganz Grundsätzlichem auseinandersetzt. Der Autor Tomáš Sedláček schreibt dann auch bereits in der Einleitung von „Die Ökonomie von Gut und Böse" etwas sehr Bemerkenswertes: „Es ist paradox, dass ein Gebiet, das sich vorwiegend mit Werten beschäftigt, wertfrei sein will." (S. 19) und weiter auf Seite 22: „Wir haben zu viel Wert auf das Mathematische gelegt und unser Menschsein vernachlässigt. Das hat zu schiefen künstlichen Modellen geführt, die uns oft kaum dabei helfen, die Realität zu verstehen."

Deswegen schreibe ich dieses Buch für Menschen, die Modelle an der Realität messen und den Mut besitzen, diese selbst zu gestalten. Wie das gelingen kann, damit befassen sich die folgenden Kapitel.

KAPITEL 11

WIE GEHT TEILHABE?

„Irrtum des einen, Erfolg des anderen – beunruhige dich nicht über solche Einteilungen. Nur die große Zusammenarbeit ist fruchtbar, an der der eine durch den anderen teilhat." (Antoine de Saint-Exupéry)

Sie haben das Gefühl, Sie seien oft außen vor und hätten gar keinen Anteil? Nun, das ist ein weitverbreitetes und nachvollziehbares Gefühl, aber es trügt Sie.

Es ist eine der größten Illusionen des Menschen, dass er sich allein und getrennt fühlt. Diese Sichtweise basiert auf einer völligen Leugnung und Ausblendung der Realität. Die bloße Tatsache Ihrer Existenz bedeutet bereits, dass Sie Anteil haben.

Egal, wie isoliert ein Mensch sich empfindet, er hat Teil an der Welt.

Sie atmen die gleiche Luft wie Obama oder Bill Gates. Und Sie können es nicht einmal verhindern, denn ohne Atem sterben Sie nach nur wenigen Minuten. Wir können ohne Luft, ohne Austausch und Anteil nicht existieren.

Der kanadische Forscher David Suzuki rechnet in seinem Buch „The Sacred Balance" mit einer Formel, die den schönen Namen „Avogadro-Konstante" trägt, vor: „Sogar die gröbste Kalkulation zeigt, dass jeder von uns sehr rasch Atome in sich aufnimmt, die einmal Teil jedes anderen Anwesenden in diesem Raum waren und umgekehrt."
Wenn wir uns den Austausch der Atome über den Atem bildlich vorstellen, könnten wir künftig leicht Erstickungsanfälle neben einem verhassten Kollegen bekommen, und beginnen, auch an anderen Orten neurotische Verhaltensweisen an den Tag zu legen. Vernünftiger wäre es jedoch, wir finden uns damit ab, dass wir keine Inseln sind und an allem teilhaben. Sie können nicht als Mensch auf dem Planeten Erde leben, ohne zu atmen und sich auf atomarer Ebene mit allem auszutauschen. Also ist es Ihnen auch nicht möglich, nicht teilzunehmen und nicht teilzuhaben am Ökosystem dieses Planeten.

Das funktioniert natürlich auch im positiven Sinne. Im gleichen Buch verweist Suzuki nämlich auch auf die Berechnungen des Astronomen Harlow Shapley, der sich mit den Argon-Atomen in der Luft befasste und zu folgendem Ergebnis kam: „Ihr nächster Atemzug wird mehr als 400.000 Argon-Atome enthalten, die Gandhi während seines langen Lebens geatmet hatte. Es zirkulieren Argon-Atome von den Gesprächen des letzten Abendmahls, den diplomatischen Auseinandersetzungen auf Jalta und den Rezitationen der klassischen Poeten."

Ein faszinierender Gedanke, oder? Und das betrifft jeden Menschen, egal, wie einsam oder isoliert er ist. Er ist und bleibt Teil des Ganzen.

Teilhabe ist automatisch mit unserer Existenz verbunden. Unser Leben beginnt mit einem Atemzug und endet mit einem.

Sobald Sie existieren, sind Sie mit Ihrer Umgebung verbunden und haben Anteil an ihr.

Unsere Gedanken der Trennung und Nicht-Teilhabe sind somit nicht nur falsch, sondern sie führen zu einer Fehlsichtigkeit der Welt, an der wir alle leiden.

Und was hat diese Fehlsichtigkeit mit unserer Wirtschaft zu tun? Nun, eine Menge! Es gibt keine Lebensbereiche, auf die es nicht zuträfe, dass ein Teil eines Systems auf das ganze System Auswirkungen hat. Wenn ich mich gierig und rücksichtslos verhalte, wird dieses Verhalten das ganze System beschädigen. Es ist wie ein Argon-Atom, es reist in der Welt herum und trifft früher oder später auch auf alle anderen Teilnehmer des Systems.

Wenn ein Manager Boni erhält, weil er Gewinne erhöht, indem er Menschen entlässt, Angestellte durch Zeitarbeiter ersetzt, Gehälter kürzt, die Arbeitsbelastung des Einzelnen erhöht und die Produktion ins Ausland verlegt, dann wird er schlicht und ergreifend dafür belohnt, dass er Einzelwesen ebenso wie die betroffene Volkswirtschaft zugunsten des Firmengewinns belastet.

Solange dieser Firmengewinn dann wenigstens versteuert wird, fließt zumindest ein Teil des Gewinns wieder dem geschädigten Bereich zu. Aber das auf reinen Geldgewinn ausgelegte Wertesystem in solchen Firmen sorgt oft auch noch für geschickte Steuervermeidung. Das ist ganz einfach möglich. Etwa, indem Gewinne in Ländern versteuert werden, in denen die Firma weniger zahlen muss. In diesem Fall wird die einheimische Volkswirtschaft einfach nur geschädigt!

Wenn Leben auf dem Prinzip des Austauschs und der Teilhabe beruht, dann benötigen wir Handels- und Wirtschaftsbeziehungen, die alle Marktteilnehmer an Lasten und Erträgen teilhaben lassen.

Stattdessen leben wir in einer Gesellschaft, in der jeder versucht, viel zu bekommen und wenig zu geben.

Und nein, nicht nur die anderen, auch Sie und ich.

Mir ist noch nie ein Mensch begegnet, einschließlich mir selbst, der sich immer absolut korrekt dem Ganzen gegenüber verhalten hätte. Wir könnten uns hier jetzt natürlich über mehr oder weniger Schuld dem System gegenüber unterhalten, aber ich bin dafür, dass wir uns dem Wesentlichen zuwenden. Kooperation ist etwas Natürliches und unvermeidbar.

Lange Zeit versuchte man uns einzureden, Konkurrenz und Egoismus seien vernünftig. Das stimmt nicht. Jede Form von Selbstlosigkeit wurde immer damit erklärt, dass Menschen ihre eigenen Gene weitergeben wollten. Es ist richtig, dass sie das wollen. Menschen handeln ichbezogen. Aber es ist eben nicht ihr einziger Antrieb. Menschen waren und sind immer wieder zu großartigen, selbstlosen Taten fähig. Sie machen das auch gegenüber nicht genetisch verwandten Menschen.

Achten Sie die nächsten Tage einmal darauf, wie viele Menschen Ihr Leben ohne Bezahlung bereichern. Nicht nur Menschen, die mit Ihnen verwandt sind. Wie oft lächeln Fremde Sie an, machen in der Straßenbahn Platz oder lassen Sie mit dem einen Produkt an der Kasse im Supermarkt vor? Wie viele freundliche Gesten erfahren Sie? Einfach so? Und Sie selbst? Halten Sie vielleicht auch anderen Menschen Türen auf oder warten geduldig auf einen schwächeren Mitmenschen? Sie werden sehen, es stimmt nicht, dass wir isolierte, arme Egoisten im Kampf ums Überleben sind. Die meiste Zeit sind wir kommunikative, gesellige und hilfsbereite Wesen.

Ein weiterer Versuch, den Sie durchführen könnten: Erzählen Sie einem Kollegen oder entfernten Bekannten von einem kniffligen Problem, für das Sie eine Lösung suchen. Je spannender Ihr Problem ist, umso wahrscheinlicher ist es, dass derjenige versuchen wird, Ihnen Tipps für eine Lösung zukommen zu lassen.

Wenn Sie zum Beispiel erwähnen, dass Sie einen Kuchen zu einer Feier mitbringen müssen, aber nicht gut backen können, werden ihre Kollegen Ihnen lauter sehr einfache Rezepte liefern. Keiner wird dafür Geld von Ihnen erwarten. Wenn Sie sich bedanken und vielleicht noch eine Rückmeldung geben, wie es mit dem Kuchen klappte, werden Ihre Helfer glücklich sein und Ihnen auch das nächste Mal gerne wieder helfen.

Menschen lieben es, Erfahrungen auszutauschen. Viel mehr als Geldanhäufer sind wir Wissensaustauscher.

Sie sehen: Die Teilhabe ist das natürlichste und damit das langlebigste Wirtschaftssystem überhaupt. Es bedeutet, dass wir am Erfolg einer Unternehmung beteiligt sind. Unser aktuelles Wirtschaftssystem entspricht leider meist nicht diesem fundamentalen Lebensprinzip und deshalb kollabiert es auch von Zeit zu Zeit. Der Tod des Systems ist quasi bereits seit seiner Entstehung vorprogrammiert.

Für die meisten Arbeitnehmer ist es normal, den Großteil ihrer Lebenszeit oder -kraft in den Dienst anderer zu stellen. Sie säubern die Räume oder verkaufen die Waren eines Unternehmens, an dem sie nicht beteiligt sind. Oft führt das dazu, dass sie irgendwann auch keinen Anteil mehr nehmen, innerlich kündigen.

Viele Menschen empfinden sich als ein Rädchen in einem großen Getriebe, das letztlich nicht greifbar ist. Wenn ich Menschen frage, wieso sie genau diesen Arbeitsplatz haben, antworten sie mir oft, vor allem, wenn sie im Niedriglohnsektor arbeiten, sie hätten keine anderen Gelegenheiten gehabt.

Viele entgegnen mir auch entmutigt: „Mit irgendetwas muss ich ja mein Geld verdienen. Hier ist es so gut oder schlecht wie woanders."

Wie traurig, dass Menschen in dem Bewusstsein arbeiten gehen, dass dies ein Zwang ist. Wie schade, dass sie es nicht als einen wertvollen Beitrag sehen können, den sie gerne erbringen. Wie bedauerlich, dass für einen Menschen, der das Gefühl hat, keine Wahl zu haben, eine Firma so schlecht ist wie die andere. Ein Mensch, der so empfindet, ist mehr Lohnsklave als Arbeitnehmer.

Dass Menschen für ihre Arbeitszeit pauschal entlohnt werden, macht die Sache oft nicht sehr effizient. Wenn die Mitarbeiter gehen könnten, sobald sie ihr Arbeitspensum erledigt haben, würden Sie sich in einigen Firmen die Augen reiben, wie schnell und effektiv so manche Abteilung plötzlich arbeiten würde. Mir sind im Laufe meines Lebens erstaunlich viele Menschen begegnet, die schneller oder zielstrebiger als der Durchschnitt arbeiten. In einer normalen Firma passiert dann Folgendes: Die schnellen Kollegen machen sich bei den Langsameren unbeliebt, weil durch sie der Anspruch an alle steigt. Oft führt dies zu Mobbing. Die Kollegen haben einen Hals auf den Streber. Diesen wird ihre Mehrleistung auch meist von der Seite der Chefs nicht gedankt. Oft erhalten die Leistungsbereiten weder mehr Gehalt noch dürfen sie früher gehen und ihre eigentlich wohlverdiente Freizeit genießen. Nein, sie bekommen ein Extrapensum aufgedrückt. Die schlauen Menschen schalten jetzt sofort einen Gang zurück, jammern mit dem Rest der Meute über die hohen Anforderungen und vertrödeln am Arbeitsplatz ihre Zeit. Die, die das nicht können, erhöhen ihr Risiko, ein Opfer von Mobbing, Burn-out usw. zu werden.

Unserer Wirtschaft entsteht ein riesiger Schaden durch dieses Beharren auf einer gewissen Anwesenheitszeit (natürlich ist die bei einigen Berufen so auch durchaus nötig). Herumprokrastinierende Angestellte, die fünfmal stündlich ihre E-Mails checken und darüber sinnieren, was ihnen in diesem Laden so alles stinkt, erleiden einen persönlichen negativen Effekt, teilen diesen jedoch auch, indem sie der Firma nicht nutzen, sondern schaden. Eine nicht geringe Anzahl an Beschäftigten ist nicht nur passiv-schädlich für ihr Unternehmen, sondern macht der im Inneren angestauten Frustration dadurch Luft, dass sie den unbewusst wahrgenommenen Lebenszeitverlust dem Arbeitgeber heimzahlt. Sie melden sich krank, obwohl sie es nicht sind, zerstören absichtlich Firmenbesitz oder lassen Material mitgehen.

Natürlich sind all diese Verhaltensweisen falsch, aber das herrschende System hat viele der Ursachen eben auch eingebaut: Die freundliche Verkäuferin bekommt ein genauso hohes bzw. niedriges Gehalt wie ihre unfreundliche Kollegin. Insofern an dieser Stelle ein herzliches Dankeschön an alle Verkäuferinnen, die es immer noch fertigbringen zu lächeln. Ihr Arbeitgeber dankt es in den meisten Fällen nicht. Ich hoffe wenigstens die Kunden.
Viele Angestellte nehmen nicht mehr Anteil, sondern sie überleben irgendwie. Dass dieses Überleben als ein Kampf empfunden wird, zeigen die Statistiken über zunehmende psychische Erkrankungen. Und gerade der motivierte Mitarbeiter überbeansprucht sich vielleicht so lange, bis er im Burn-out landet. Und wehe ihm, wenn es so weit kommt.

Die wenigsten Firmen zeigen sich da ernstlich fürsorglich ihren Angestellten gegenüber.

Also suchen kluge Angestellte Wege, wie sie ihrem Arbeitgeber so viel von ihrer Leistung zur Verfügung stellen, dass er sie nicht entlässt, und zugleich so wenig, dass sie die innerlich empfundene Ungerechtigkeit ertragen und bis zur erhofften Rente überleben. Ein schwieriger Balanceakt, der oft misslingt und auch nicht sonderlich produktiv ist. Und zwar für keine der beteiligten Seiten.

Der daraus resultierende Schaden für alle Beteiligten ist nicht einmal im Entferntesten absehbar.

Ich habe im Laufe meines Berufslebens Einblick in viele Firmen gehabt und sehr oft das folgende Szenario gesehen: In jeder größeren Firma scheint es einige Menschen zu geben, die ihre Arbeit schlampig erledigen oder auf andere abwälzen, immer ganz dringend früh weg müssen und außer beim Tratschen in der Teeküche eigentlich wenig Produktives vollbringen. Das Problem mit solchen Mitarbeitern ist, dass sie die anderen entweder überlasten, die für sie mitarbeiten müssen, und/oder die anderen ihr eigenes Pensum ebenfalls nach unten schrauben. Denn die meisten sehen nicht ein, wieso sie sich selbst müde arbeiten sollen, während ihre unproduktiven Kollegen ebenso bezahlt werden. Mancher Arbeitgeber reagiert unkluger weise darauf mit mehr Druck. Dieser wird aber, dauerhaft gesehen, nur Widerstand in den Reihen der Belegschaft hervorrufen.

Wir haben also in vielen Bereichen das Teilhabeprinzip in seiner negativen Auswirkung.

Und auch im gesamtwirtschaftlichen Geschehen herrscht diese negative Teilhabe, bspw. wenn die Folgen schlechten Wirtschaftens, etwa durch Steuererhöhungen und Einsparungen im Sozialbereich, von der Gemeinschaft beglichen werden sollen. Dies ist es auch, was die Menschen oft so unzufrieden macht.

In einem solchen Wirtschaftsgefüge herrscht Gegnerschaft – jeder versucht, einen größeren Brocken vom Kuchen zu erhaschen. Die Größe des Brockens steht aber oftmals in keinem Verhältnis zum eigenen erwirtschafteten Anteil und erst recht nicht im Verhältnis zum Dienst, den man dem Ganzen geleistet hat.

Dieses, den Naturgesetzen widersprechende, wirtschaftliche und gesellschaftliche System bringt Gewinner und Verlierer hervor: Die Gewinner sind die, die ein größeres Kuchenstück erhalten, als sie eigentlich erwirtschaftet haben – meist sind das nur wenige.

Der Slogan der Occupy-Bewegung („Wir sind die 99 %") hat diesem Empfinden Ausdruck verliehen. Die Menschen bekunden damit das empfundene Ungleichgewicht zwischen eigener Leistung und Ertrag. Sie stecken ihre Lebenszeit und -kraft in Unternehmungen, die ihnen viel weniger zurückgeben, als sie erarbeitet haben.

Zusätzlich wirkt dabei wutauslösend, dass ein Aktionär sich seine Geldanlage aussuchen kann, aber wer seine Miete zahlen muss und einen leeren Kühlschrank anstarrt, nimmt, was er kriegen kann. Auch dann, wenn er zehnmal weiß, dass der Lohn für seinen Einsatz nicht angemessen ist. Lieber einen Billiglohn erhalten als gar keinen. Welche Alternativen bleiben denn auch? Die Arbeitgeber können durch die hohe Zahl der Arbeitslosen genügend Arbeitskräfte auf dem Billiglohnsektor finden. Wieso sollten sie mehr an Gehalt bieten, wo es genug Menschen gibt, die für „einen Apfel und ein Ei" gezwungen sind zu arbeiten? Und dafür, dass sie gezwungen sind, sorgt in Deutschland die Hartz-IV-Gesetzgebung. Jeder Mensch muss alles in seiner Macht Stehende tun, damit er seine wirtschaftliche Zwangslage beendet. Wenn die Menschen jeden Job zu jedem Lohn annehmen müssen, wo bitte bleiben da die Werte des Grundgesetzes wie Menschenwürde oder Freizügigkeit?

Freizügigkeit bedeutet, dass freie Bürger dort leben und das arbeiten dürfen, was ihrem freien Willen entspricht. Die tägliche Realität ist eine völlig andere.

Durch solche gesellschaftlichen Realitäten entsteht in den Menschen ein Bild des Mangels und scheinbaren Lebenskampfes und daraus resultierend völlig irrationale Reaktionen. Wer sich selbst als im Mangel lebend wahrnimmt, gönnt dem anderen nichts „Gutes". Wer keinen Job hat, beneidet den Leiharbeiter und dieser schimpft wiederum auf die Faulpelze, die, da arbeitslos, liegen bleiben können, während er sich zum verhassten, aber benötigten Job quält. Die Verlierer einer solchen Ordnung bekämpfen sich gegenseitig und verstehen nicht, dass es auf diesem Weg gar keine Gewinner geben kann.

Es gäbe durchaus Auswege aus dieser Situation, aber wer bringt den Mut auf, diese Wege einzuschlagen?

Es wird Zeit, dass wir das Prinzip der Teilhabe nun auch auf positive Weise anwenden.

Wir haben schon vorher festgestellt, dass bereits jetzt die Mehrheit unserer Einwohner kein Arbeitseinkommen erwirtschaftet. Interessant ist auch, wie sehr das Wohlwollen und die Wertschätzung untereinander vom Status des Einkommenerzielers abhängen. Dabei nehmen auch Menschen, die keiner Lohnarbeit nachgehen, durchaus Anteil an der Gesellschaft. Dennoch sehen diejenigen, die sich morgens auf den Weg zu einem ungeliebten Arbeitsplatz machen, oft nur die Belastung für sich selbst. Wieder entsteht ein System der inneren Gegnerschaft, weil man dieses System instinktiv als ungerecht empfindet. Diese Empfindung ist auch richtig: Es ist ungerecht, aber für fast alle Beteiligten.

Das Prinzip der Teilhabe jedoch beruht auf dem der Zusammenarbeit. Wenn Sie sich in der Natur umsehen, werden Sie es an unglaublich vielen Orten entdecken: Eine Biene darf von einer Blüte naschen und nimmt dafür den Blütenstaub mit, mit der die nächste Generation von Blumen sichergestellt ist.

Der Apfelbaum, der seine Nährstoffe aus der Erde bezieht, liefert vorbeikommenden Kindern, Vögeln, Wespen und Würmern gleichermaßen Nahrung.

Wie kommt er denn dazu? Es liegt in seiner Natur, Apfelbaum zu sein. Als Mensch hat man es da weniger leicht. Wir haben meist wenig Zeit für die Dinge die in unserer Natur liegen. In meinem Fall z. B. das Schreiben. Ich muss mir das Recht zu schreiben erst mittels anderer Tätigkeiten verdienen und darf mich meiner Berufung dann nach Feierabend widmen, insofern ich noch genügend Energie und Kreativität aufbringe.

Und wie oft machen Sie, was Sie wirklich gerne machen? Malen, tanzen, schreiben, fotografieren ...? Man stelle sich vor, jemand käme auf die verrückte Idee, einem Apfelbaum ein solches Leben vorzuschreiben, bei dem er immer so vieles muss, aber so wenig darf. Ich fürchte fast, er würde es verweigern und eingehen.

Eigennutz vs. Gemeinwohl

Wir dachten in der Vergangenheit, wir müssten uns zwischen dem Wohl des Einzelnen und dem der Gemeinschaft entscheiden, da diese beiden Sichtweisen sich widersprechen würden. Das ist nicht wahr. Ganz im Gegenteil: Es ist eigentlich sehr logisch, dass eine Gemeinschaft nicht funktionieren kann, wenn es den einzelnen Individuen nicht gut geht. Und da der Einzelne eben auch umgekehrt nicht in einem Vakuum existiert, sondern auf vielfältige Weise mit den anderen Mitgliedern der Gesellschaft vernetzt ist, ist es sinnvoll, wenn der Einzelne für das Ganze einen Beitrag leistet.

In der Natur herrscht Teilhabe und deshalb ist sie so üppig. Das Prinzip des Kämpfens kommt erst ins Spiel, wenn es um die Bedrohung des eigenen Fortbestehens geht. Als Menschen handeln wir jedoch, als sei dauerhaft und ständig unser Überleben gefährdet. Und besonders ausgeprägt ist dieses Verhalten nicht bei den armen Völkern, sondern in den Industriestaaten.

Ist das nicht erstaunlich? Jeder versucht, mehr zu bekommen – und weil wir ackern und kämpfen, als ginge es um unser Überleben, anstatt am Ganzen teilzuhaben, erschaffen wir als Gesellschaft eine Situation, in der wir tatsächlich unser aller Überleben riskieren!

12. KAPITEL

EIGENE WERTE LEBEN

„Willst du dich deines Wertes erfreuen, so musst der Welt du Wert verleihen." (Goethe)

Wir verbringen sehr viel Zeit damit, die Werte anderer zu leben und fühlen uns dann unglücklich und unerfüllt, weil wir uns in unserem Leben selbst nicht finden. Eine Menge Therapiestunden und Selbstfindungsseminare versuchen eigentlich, diese Wertelücke zu füllen.

Wenn wir die Werte unserer Eltern, Freunde, Familie leben statt unsere eigenen, dann können sich unsere eigenen Werte nicht in unserem Leben widerspiegeln.

Wenn Ihnen selbst Reisen und Freunde sehr wichtig sind, Sie jedoch versuchen, in die Gesellschaft reinzupassen und Sie sich für den Aufbau einer Karriere in einem vielversprechenden Umfeld entscheiden, werden Sie eines Tages vielleicht feststellen, dass Sie diese Ziele erreichen, aber sich immer noch unerfüllt fühlen. Es ist wichtig, dass Sie sich über die wichtigsten Werte Ihres Lebens bewusst werden und diese in irgendeiner Weise leben. Sie brauchen dafür nicht kündigen und in die Südsee auszuwandern. Fangen Sie da an, wo Sie stehen, und schaffen Sie sich kleine Nischen. Wichtig ist, dass Sie das, was Sie erfüllt, in irgendeiner Form ausleben.

Und was auf das Leben des Einzelnen zutrifft, ist in der Summe ebenso. Sehr viele Menschen fühlen sich innerlich von Werten wie menschlicher Nähe, Freundschaft und Liebe angezogen. Im Äußeren folgen sie aber den anerzogenen Werten. Den Werten, die scheinbar von der Summe der Gesellschaft vorgelebt werden. Sie versuchen dann, eine Position in der Gesellschaft einzunehmen. Die Werte anderer Menschen werden imitiert. Diese haben ihrerseits wieder jemanden imitiert. Das ist insofern sehr absurd, weil alle wie die Lemminge in eine Richtung laufen, obwohl sie innerlich eigentlich von anderen Dingen angezogen werden. Jeder von uns sollte das Leben führen, das er selbst als wertvoll empfindet, weil sich sonst unsere Probleme auf persönlicher wie auf gesellschaftlicher Ebene vergrößern werden.
Ein ganzes Heer an Psychotherapeuten lebt von dieser Lücke zwischen unseren tiefen, echten Werten und unseren äußerlich gelebten Scheinwerten. Diese behandeln die Auswirkungen. Besser wäre es allerdings, die Ursachen für unser Unglück zu ändern.

Ein oft angeführtes Argument gegen den Versuch, mehr Gerechtigkeit in die Finanzen zu bringen, ist: „Egoismus ist natürlich. Jeder macht es. Ich wäre ja dumm, wenn ich mich aufrichtig verhalte."
Das wird auch dadurch nicht wahr, dass man es zum millionsten Mal als Ausrede verwendet, um sich selbst nicht ändern zu müssen.

In „Die Kunst, kein Egoist zu sein" berichtet der Autor Richard David Precht von Versuchen, die eindeutig beweisen, dass Menschen von Natur aus keineswegs egoistisch handeln. In Tests verhielten sich kleine Kinder keineswegs egoistisch, sondern besaßen anscheinend einen angeborenen Drang, anderen Menschen zu helfen. Bei diesen Versuchen fand man heraus, wie man Kindern ihre angeborene Hilfsbereitschaft abtrainiert. Wissen Sie auch wie? Indem man sie bezahlt! Sobald Kinder lernten, dass Helfen mit einer Belohnung verbunden war, verlernten sie, aus sich heraus hilfsbereit zu sein. Stattdessen wurden sie berechnend.

So kommt Precht auf S. 344 seines Buches zu dem Ergebnis „Strenges und hartes Nutzenkalkül, Rücksichtslosigkeit und Gier sind nicht die Haupttriebkräfte des Menschen, sondern das Ergebnis einer gezielten Züchtung."
Ich weiß nicht, wie es Ihnen geht, aber mich erschütterte diese Erkenntnis.
Übrigens machte man ähnliche Versuche auch mit unseren biologisch nächsten Verwandten, mit Affen. Auch diese sind hilfsbereit. Wenn sie zum Beispiel sehen, dass ein Mensch eine Tür nicht öffnen kann, helfen sie ihm. Precht erzählt in seinem Buch von einem Affen, der versuchte, einem verletzten Vogel zu zeigen, dass er die Flügel ausbreiten und fliegen muss.
Ist das nicht unglaublich? Egoismus ist also weder natürlich noch menschlich, er entsteht durch falsche Vorbilder und Werte.

Uns wurden bestimmte Werte anerzogen. Welche Werte das sind, bestimmte die Allgemeinheit, die „Norm". Wenn wir ehrlich sind, ist das, was auf diesem Planeten „normal" ist, ziemlich verrückt.

Wenn aber die Ursache verrückt ist, muss das Ergebnis es auch sein.

Wir benötigen einen Wertewandel, um unser Finanzsystem und unsere Gesellschaft zu heilen. Dieser Wertewandel kann und wird nicht von einer bestehenden Institution ausgehen. Wer auch immer erwartet, dass irgendjemand daherkommt und eine neue Form des Lebens und Wirtschaftens erfindet, wird den Wechsel nie erleben.

Eine Summe bildet sich aus ganz vielen Einzelteilen. Es sind die Einzelteile, die sich für den Wechsel entscheiden müssen.

Große Firmen, Institutionen, Parteien und Behörden sind sehr unflexibel. Ab einem bestimmten Punkt der Expansion ist jedes System damit beschäftigt, sich selbst zu erhalten. Es wird starr.

Solche großen Gebilde verwenden viel Zeit und Energie für die eigene Organisation und da der Einzelne hier nur geringe Einflussmöglichkeiten auf das Ganze hat, sind solche Unternehmen und Behörden als ausführendes Organ einer bereits bestehenden Ordnung geeignet. Von diesen großen Organisationseinheiten kann man keine Veränderung erwarten. Diese gehen von Individuen aus. Wenn die Zeit reif ist, und das ist sie in diesem Fall definitiv, dann finden sich viele Einzelwesen zusammen und verändern in der Summe die bereits bestehenden Einrichtungen.

Unternehmen wollen Produkte verkaufen und Politiker an der Macht bleiben. Wenn wir entscheiden, welche Produkte, welche Politik und welche Lebensform wir wollen, werden wir sie auch geliefert bekommen. Drehen Sie den Spieß um. Machen Sie nicht, was man Ihnen in Werbung und im TV suggeriert, sondern tun Sie doch einfach, was Sie wollen. Damit die Nachfrage das Angebot bestimmt und nicht umgedreht.

Ich lade Sie deshalb ein, umzudenken und sich für das Prinzip der Teilhabe zu öffnen. Betrachten Sie die Welt für eine kurze Weile durch diese Brille, entdecken Sie die Vielfalt der Möglichkeiten, die das Leben hervorbringt. Wenn dieses Prinzip Ihnen nicht stimmig erscheinen mag, können Sie jederzeit wieder zu dem gewohnten Überlebenskampfmodus zurückkehren. Da ich mittlerweile eine Menge Leute kenne, die auf diese Weise ein sehr viel zufriedeneres Leben führen, verspreche ich Ihnen, dass auch Sie zumindest den einen oder anderen Punkt als bereichernd in Ihr Leben integrieren werden wollen.

Seien Sie Sie selbst – und kooperieren Sie dabei mit anderen, deren Werte und Absichten den Ihren entsprechen. Was die Sozialdarwinisten übersehen haben: Es überlebt keinesfalls nur der stärkste Affe, der die anderen unterwirft. Untersuchungen an unseren engsten Verwandten im Tierreich, den Bonobos, zeigen, dass auch die anderen zum Zug kommen. Bereits eine Affenhorde ist ein äußerst komplexes Gebilde, in dem keineswegs nur Egoisten hausen. Schon Affen sind so schlau, sich gegenseitig zu lausen!
Die Natur besteht manchmal selbstverständlich aus Kampf, aber sehr viel häufiger aus Kooperation.
Eine Biene tanzt der anderen den Weg zu den leckeren Blüten vor, die sie gerade entdeckt hat.
Sobald ein Löwe satt ist, darf sich jedes andere Tier an seiner Beute satt fressen.

Es gibt unzählige Computersimulationen, die beweisen, dass es Zusammenarbeit ist, die langfristiges Überleben sichert. Kooperation ist das Erfolgsmodell schlechthin. Sogar Amöben kooperieren. Nur ein Mensch, der dümmer als eine Amöbe ist, wird zum Egoist.

Auf unserem Heimatplaneten Erde stehen die Ressourcen

allen Spezies im Überfluss zur Verfügung. Und diese wiederum kooperieren auf vielfältigste Weise miteinander, um den Fortbestand zu ermöglichen.

Das Gleiche geschieht genau in diesem Moment in Ihrem Körper. Unfassbar komplexe Abläufe greifen ineinander, ohne dass Sie es überhaupt bemerken. Ihre Zellen kooperieren die meiste Zeit großartig miteinander. Wenn sie es nicht tun, entstehen Krankheiten. Krebserkrankungen sind nichts anderes als egoistische Zellen. Egoismus auf Kosten der Umgebung führt zum Untergang. Auf der Zellebene ebenso wie in der Gesellschaft.

Okay, also, wenn man sich auf das Prinzip der Teilhabe einmal gedanklich einlässt, wo führt uns das denn nun hin? Zu einem kommunistischen Staat, in dem alles allen gehört, oder einer Hippie-Utopie, in der jeder brüderlich und in Liebe alles mit dem anderen teilt?

Nun, ich habe ehrlich gesagt keine Ahnung, wo es uns hinführt, aber alles, was bereits ausprobiert wurde und sich nicht durchgesetzt hat, fällt deshalb weg. Hippie-Kommunen oder andere kommunistische Modelle werden nicht funktionieren, weil sie von einem idealisierten Modell ausgehen, das nichts mit unserer Realität zu tun hat.

Wir müssen mit den Menschen und Umständen anfangen, die wir haben.

Dort wo wir stehen, fängt der Weg an. Auch wenn wir das Ergebnis nicht kennen, ist eines sicher: Es kann nur besser werden.

13. KAPITEL

WANDEL

„Sei der Wandel, den du in der Welt sehen willst."
(Mahatma Gandhi)

Während ich dieses Buch schrieb, stellte ich fest, dass der Wandel bereits im Gange ist. Ganz leise und alltäglich findet er bereits vor unser aller Augen statt.

Wenn man weiß, dass er da ist, sieht man ihn. Wenn man ihn nicht vermutet, könnte man ihn glatt übersehen.

Die Welt der Zukunft wird völlig anders aussehen als von Althippies oder Fundamental-Ökos erträumt. Ich entdeckte verdutzt: Erstaunlicherweise fangen Menschen unter Einbeziehung der modernen Technik an, Schwarmintelligenz zu entwickeln. Wir vernetzen uns. Wir lernen als Individuen innerhalb eines großen Schwarms zu leben. Der Inbegriff für den Schwarm sind Netzwerke wie Twitter. Zu Beginn habe ich Twitter abgelehnt. Ich fand es unmöglich, wenn Trude

Meier die ganze Welt an ihrem Pickel oder ihrer vergeblichen Parkplatzsuche teilhaben ließ. Aber dann wurde mir klar, dass ein Schwarm durchaus irgendwann seine eigene Intelligenz entwickelt. Wenn Trude zu viele Leute mit ihren Pickeln nervt, dann lösen die anderen die Vernetzung und sie twittert bald nur noch mit Menschen, die versuchen, ihr Diätpillen anzudrehen.

Es kann auch sein, dass der Schwarm Trude verrät, dass in der nächsten Querstraße ein Parkplatz frei ist. Zwei Stunden später fährt Trude dann wieder weg, um Pickelsalbe zu kaufen und teilt das der Welt mit. Tja, und das, was mich langweilt, erfreut einen anderen, der so von dem freien Parkplatz in der Innenstadt erfährt. Der Schwarm hat da oft mehr Geduld als ich. Wie ich feststellte, kann ich von Twitter etwas lernen.

In den sozialen Netzwerken entsteht gerade eine neue Art zu denken und zu handeln. Diejenigen, die der Gemeinschaft an Unterhaltung oder Information das geben, was sie sich wünscht, sind am besten vernetzt. Erstaunt stellte ich fest, dass unser Gehirn nach dem gleichen Prinzip arbeitet. Es bildet neuronale Netzwerke von einander unterstützenden Zellen. Informationen, die oft genutzt werden, sind dabei gut vernetzt. Und was uninteressant ist, landet im wenig verbundenen Abseits fernab der neuronalen Datenautobahnen.

Darwin musste für „Die Entstehung der Arten" nach Galapagos. „The fittest thing" befand sich dabei jedoch die ganze Zeit zwischen seinen Ohren.

In einer vernetzten Welt, wo potenziell alle miteinander verbunden sind, rasen Informationen in Minutenschnelle um den Globus. Und auch wenn wir uns vor dem gläsernen Menschen fürchten, hat das Ganze seine Vorteile.

Auch die Spiele der Mächtigen werden offensichtlich: Die Geheimdienste haben schon immer hinter den Menschen hergeschnüffelt – plötzlich stehen aber sie und ihre Machenschaften mitten im Scheinwerferlicht der Öffentlichkeit.

In einer vernetzten Welt haben die Bürger auch Möglichkeiten, ihr Wissen und ihre Ansichten auszutauschen. Sie sind somit sehr viel unabhängiger in der Meinungsbildung und können sich leichter und schneller verschiedene Ansichten anhören, wenn sie sich eine Meinung bilden wollen.

Wo wir gehen und stehen, egal, mit wem wir kommunizieren, drücken wir immer auch indirekt unser Wertesystem aus. Okay, Trude Meier beschäftigt sich mit ihren Pickeln, andere fotografieren jedes Essen, das sie zu sich nehmen, und ich nerve bei Facebook öfter mal mit den Musiktiteln, die mir gerade besonders gefallen. Aber zwischen all dem findet sich auch viel Nützliches. Wir werden Unterscheidungsvermögen entwickeln müssen und Klarheit in Bezug auf das, was uns selbst wichtig ist.

In einer modernen, vernetzten Welt sind wir selbst diejenigen, die unsere Werte ins globale Netz einbringen können. Und wir können die Lebensart, die wir uns wünschen, in die Gesellschaft, die Firmen, Familien und in unsere Nachbarschaft tragen.

In der Welt von morgen wird es viele verschiedene Möglichkeiten parallel nebeneinander geben. Wir werden aus einer Vielfalt auswählen können, die uns heute noch unvorstellbar erscheint.

Wenn wir uns umschauen, wo könnten wir ein teilhabendes Prinzip anwenden? Nicht theoretisch, nicht irgendwann, nicht wenn die Umstände anders sind oder ein anderes System eingeführt ist, sondern unter den jetzigen

Gegebenheiten?

Und zwar ein teilhabendes Prinzip, das allen offensteht. Ohne Alters- oder Bildungsbeschränkung. Das ist die Frage, die ich mir gestellt habe. Ich habe dabei einige interessante Antworten gefunden und Bewegungen, die am Entstehen sind, die ich Ihnen im weiteren Verlauf vorstellen möchte. Aber das sind nur Beispiele. Letztlich gebe ich Ihnen mit diesem Buch keine fertigen Antworten, sondern ich reiche die Frage zugleich an Sie ganz persönlich weiter.

Ich lade Sie ein, selbst zum Finder von Antworten zu werden. Wo wollen und können Sie teilhaben?

Dafür braucht es keine großen Handlungen.

Sehen Sie sich um und finden Sie heraus, was Ihnen gefällt. Entscheiden Sie, an diesen Dingen teilzuhaben und sie mit anderen zu teilen. Das ist bereits alles, was es braucht.

Wir sind dazu erzogen, Gewinn nur in Form von Geld und Erfolg nur in Bezug auf erreichte Berufsziele oder Statussymbole wahrzunehmen. Gewinn und Erfolg in Form von Freizeit, geschütztem Lebensraum, Umweltschutz und sonstigen Faktoren, die die Qualität unseres Lebens verbessern, fließen in unsere Gewinn- und Erfolgsbetrachtung leider noch nicht ein.

Das ist ein großer Fehler und der Grund dafür, weshalb in wirtschaftlich erfolgreichen Staaten nicht unbedingt die glücklichsten Bürger leben. Wenn wirtschaftlicher Erfolg zu Lasten des Wohlergehens erwirtschaftet wird, ist dies kein echter Gewinn.

Gewinnen Sie in allen Lebensbereichen und auf allen Ebenen an Reichtum. Sammeln Sie schöne Momente, Zeit in der Natur, mit Freunden, fangen Sie an zu tanzen, zu malen oder was immer Ihnen persönlich Freude bereitet. Und vermehren Sie es, indem Sie es mit anderen teilen.

Stecken Sie doch zukünftig Ihre eigenen Ressourcen,

egal, ob es Zeit, Geld, Arbeitskraft oder Wissen ist, einfach in Projekte, die Ihnen Freude bereiten und an die Sie glauben. Und wenn Sie schon dabei sind: Verringern Sie Ihre Teilhabe an Menschen, Situationen und Umständen, die Ihnen nicht guttun.

Werden Sie in kleinen Schritten der Boss Ihres Lebens. Leben Sie Ihre Werte, nicht das, was andere wollen, von Ihnen erwarten oder was Sie tun sollten. Leben Sie das, was Sie sich in Ihrem Leben wünschen.

Und wenn es zu Beginn auch nur ganz kleine Dinge sind, die Sie ändern. Haben Sie den Mut und handeln Sie nach Ihren eigenen persönlichen Vorlieben und Sie werden sehr schnell erfahren, dass Ihre eigenen Werte zu leben einen großen Unterschied in Ihrem Leben ausmachen werden. Sie werden entspannter und glücklicher werden. Und mit jedem Schritt, den Sie in diese Richtung unternehmen, werden sich immer neue schöne Möglichkeiten auftun.

Gestalten Sie doch z. B. Umschläge für Bücher, die Sie gerne gedruckt sehen würden, und verlangen Sie eine Umsatzbeteiligung als Bezahlung. Erlauben Sie einem Künstler, dessen Bilder Sie schön finden, seine Bilder in Ihren Geschäftsräumen aufzuhängen. Dann sehen Ihre Räume schön aus und wenn jemand diese Werke kaufen will, bekommen Sie vom Künstler noch eine Beteiligung. Wenn keiner sie kaufen will, haben Sie dennoch nichts dabei verloren. Finanzieren Sie z. B. Ihrem Neffen (insofern er ein vernünftiger und zielstrebiger Mensch ist) seine Heilpraktikerausbildung und vereinbaren Sie für die kommenden zehn Jahre eine Umsatzbeteiligung an seiner Praxis. Kaufen Sie Stoffe für einen jungen Modedesigner, helfen Sie ihm, eine Modenschau auf die Beine zu stellen und verlangen Sie als Gegenleistung ein tolles exklusives Kleidungsstück von ihm. Die Gestaltungsmöglichkeiten sind enorm.

Wenn wir darauf warten, dass irgendwem irgendwann und irgendwie ein geniales Lebenskonzept einfällt, das dann auch für uns passt und das flächendeckend eingeführt wird, dann wird dies ein Utopia bleiben, ein netter Traum – aber nie gelebt.

In der Realität sind wir diejenigen, die hier, wo wir gerade stehen, anfangen müssen. Wir müssen versuchen, das in unser Leben einzubauen, was uns entspricht und dient. Kein anderer – wir selbst. Es ist unser Leben, wir tragen die Verantwortung dafür.

Die Grenzen liegen dort, wo wir sie sehen. Wenn Sie denken, dass Sie unwichtig sind, die Umstände so nun einmal sind und Sie sich ihnen fügen müssen, wenn Sie ein Leben in der Farbe Grau akzeptieren wollen, dann ist das auch okay. Aber dann seien Sie sich darüber im Klaren, dass das Leben, das Sie führen, Ihre Wahl ist. Und dann jammern Sie nicht mehr darüber, geben keinem anderen die Schuld und beklagen Sie sich nicht, sondern genießen Sie Ihre Wahl. Aber wenn das Leben, das Sie führen, Sie nicht glücklich macht, wenn Sie denken, es sollte anders sein, dann werden Sie zum Schatzsucher. Öffnen Sie die Augen und suchen Sie nach Gelegenheiten.

Die Möglichkeiten sind fast unendlich, wenn Sie erst einmal anfangen, nach ihnen zu suchen.

Solange niemand danach sucht, ist es nur ein immenses, unvorstellbar großes brachliegendes Potenzial.

Wir alle rennen immer nur der Erwerbsarbeit hinterher und schleudern unser dabei verdientes Geld danach für Ramschprodukte zum Fenster raus, sinken abends müde vor den TV und sehen fiktiven Menschen oder fremden Jungmodells dabei zu, wie sie Abenteuer bestehen, statt selbst im eigenen Leben echte Abenteuer und echte Begeisterung auszuleben.

Wer soll das ändern, wenn nicht wir?

Es gibt so viel ungenutztes Potenzial. So viele junge Menschen, die nur rumhängen und Blödsinn anstellen, so viele alte Menschen, die abgeschoben in Heimen sitzen und darauf warten, ab und an besucht zu werden. So viele Arbeitslose, die dringend Erfolgserlebnisse brauchen könnten, wenn ihnen schon keiner eine Arbeit geben will. All diese Menschen haben wundervolle Fähigkeiten und könnten so viel Schönes erschaffen. Es hat ihnen nur bisher keiner zugetraut. Sie sich selbst natürlich auch nicht. Erheben Sie Ihren Hintern von der Couch, stellen Sie den Fernseher einfach mal aus und stattdessen etwas auf die Beine.

All die Schüler, Studenten, Erwerbslosen, Rentner haben ein riesiges Potenzial an Wissen, Fertigkeiten und Engagement zu bieten, das nur keiner abruft. Nur weil die Gesellschaft bisher zu blind war, Ihren Wert zu erkennen, brauchen Sie das nicht zu glauben. Nur weil Sie zum Beispiel alt sind und nicht mehr ganz so leistungsfähig, haben Sie ja dennoch ein riesiges Repertoire an nützlichen Erfahrungen. Und wenn Sie mittlerweile eben auch langsam sind? Dann sind Sie es eben. Es ist schön, dass Sie sich den Luxus der Langsamkeit wieder leisten können, nachdem Sie viele Jahre im Hamsterrad gerannt sind. Dennoch können Sie viel zur Gesellschaft beitragen. Im Rahmen Ihrer Möglichkeiten und Ihres Tempos.

Das rasende Tempo ist dafür die Stärke der jungen Generation. Hey, liebe Schüler und Studenten, bis ich eine SMS getippt habe, habt Ihr eine ganze Homepage eingerichtet. Wieso macht Ihr es nicht und verdient damit Geld, Erfahrung und Anerkennung?

Jeder, wirklich jeder Mensch, absolut ohne Ausnahme, hat der Welt wertvolle Dinge zu schenken. Legen Sie los und beteiligen Sie sich. Und wenn Ihr Engagement Ihnen keinen direkten finanziellen Gewinn bringen sollte, dann wird es

Ihnen wertvolle Erlebnisse schenken. Sie werden neue Menschen treffen, Ihre kreativen und organisatorischen Talente weiterentwickeln und damit den Grundstein für Ihr nächstes oder übernächstes Projekt legen, das Ihnen dann auch wirtschaftlich Früchte bringen wird.

Es gibt in Deutschland eine riesige Region, die vom Prinzip der Teilhabe extrem profitieren könnte: die neuen Bundesländer, deren Bevölkerung sich manchmal ein bisschen wie die Stiefkinder der Republik fühlt. Die Jungen verlassen oft ihre Heimat, um ihre beruflichen Chancen zu verbessern, was an sich schon bedauerlich genug ist. Die älteren Menschen sind unter einem System groß geworden, das Eigeninitiative nicht förderte, und stehen jetzt vor einer gewissen Perspektivlosigkeit. Wo keine Hoffnung ist, fehlt auch die Kraft, um Neues anzugehen. Oft scheint es gar keinen Sinn zu haben. Der Druck, auch für wenig Geld jede Arbeit anzunehmen, ist dort besonders groß. Von den „Blühenden Landschaften", die ein Herr Kohl einst versprach, ist der Alltag in den „neuen Bundesländern" meist immer noch weit entfernt.

Dabei haben viele Menschen dort durchaus viele praktische Fähigkeiten, haben gelernt, sich auch unter schwierigen Bedingungen durchzubringen und verfügen über ein gutes soziales Miteinander. Eigentlich alles wichtige Erfolgsfaktoren.

Ich glaube nicht an die Versprechen von Politikern. Aber ich glaube an die Kraft und Fähigkeiten, die in jedem einzelnen Menschen wohnen. Wir können es uns nicht leisten, auf die Talente der Menschen zu verzichten, die gerade kein Einkommen erarbeiten.

Ich ziehe hiermit einmal ganz offiziell meinen Hut vor den Menschen, die eine unüberwindliche Mauer mit „Wir sind das Volk!" einstürzen ließen. Was hat sich denn daran geändert? Der Satz ist immer noch wahr.

Gerade in den neuen Bundesländern bleiben riesige Ressourcen ungenutzt. Wenn ich mich dort aufhielt, fiel mir immer wieder auf, dass es vor allem an Hoffnung und Selbstvertrauen fehlt. Letzteres ist aber entscheidend. Wenn man sich nichts zutraut, dann spüren die anderen Menschen das und reagieren auch entsprechend.

Vielleicht ist dies für das Spannungsverhältnis zwischen „Ossis" und „Wessis" verantwortlich. Ich wünsche vielen Ossis ein bisschen was von dem Selbstvertrauen der Wessis. Jemand, der im Westen aufgewachsen ist, traut sich oft mehr, empfindet Erfolg als selbstverständlich, deshalb strahlt ein Wessi mehr Selbstvertrauen aus und genau deshalb hat er dann oft auch tatsächlich mehr Erfolg. Das lässt ihn selbstbewusster werden, weshalb er noch mehr Erfolgserlebnisse hat und so weiter.

Egal, ob Ossi oder Wessi, alt oder jung, groß oder klein, dick oder dünn, ob schwarz, weiß, gelb, rot oder eine Mischung aus allem, ob Mann oder Frau oder unentschlossen: Jeder Mensch besitzt wertvolle Fähigkeiten. Viele setzen diese nur nicht ein, weil es ihnen am Blick für Gelegenheiten und am Selbstbewusstsein mangelt.

Wir Menschen definieren uns oft über die Bewertungen unserer Umgebung. Einer der größten Fehler überhaupt. Zwei unterschiedliche Menschen werden Sie auch ganz unterschiedlich wahrnehmen und beschreiben. Jeder wird in Ihnen wahrscheinlich das wahrnehmen, was er selbst nicht auslebt. Wir alle sind stark und schwach, leise und laut, arm und reich.

Es kommt auf die Perspektive an und da es unser Leben ist, entscheiden wir, was wir damit machen. Lassen Sie sich nicht von der Wertschätzung oder dem Mangel an Wertschätzung Ihrer Umgebung definieren. Diese nimmt ja nur einen winzigen Ausschnitt der Person wahr, die Sie wirklich sind. Obendrein beurteilt Ihr Umfeld diesen winzigen Ausschnitt durch die Brille der eigenen Werte. Was haben diese mit Ihnen zu tun? Definieren Sie selbst, wer Sie sind! Sie besitzen in sich einen wichtigen Kompass: Ihre Freude. Machen Sie das, was Ihnen Freude bereitet, und Sie werden nicht fehlgehen können.

Was Ihnen Freude bereitet, ist in Ihnen bereits angelegt. Es ist Ihre echte, wahre Natur. Zu viele von uns versuchen, eine Rose zu sein, weil alle Rosen toll finden, sind aber in Wirklichkeit eine Kamillenblüte oder Walnussbaum. Ich liebe Walnussbäume und bin dankbar, dass es Kamillenblüten gibt. Finden Sie heraus, was für eine „Pflanze" Sie sind, und erfreuen Sie die Welt mit Ihrem ganz persönlichen Beitrag.

Es kann passieren, dass Ihre „Unternehmungen" Ihnen keinen Gewinn bringen. Finanziell gesehen kann es ein Verlust sein. Deswegen rate ich Ihnen, nicht alles auf eine Karte zu setzen, sondern realistisch zu bleiben und nur zu investieren, was Sie verschmerzen können und womit Sie keinem anderen schaden. Wir sind ja keine Wall-Street-Magnaten. Ansonsten können Sie bei Ihrer eigenen Version der Spekulation nur gewinnen.

Natürlich werden Sie Fehler machen. Hey, das gehört dazu. Sogar wenn Sie verlieren, gewinnen Sie. Sie lernen aus Fehlern, Sie werden mit jeder gemachten Erfahrung besser. Das weiß doch schon jedes Kind, das Laufen lernt. Und Sie werden Dinge lernen, die Sie sich nicht einmal träumen ließen. Sie werden erstaunliche Menschen kennenlernen. Diese kaufen vielleicht heute Ihr Bild nicht, aber mit ihnen fahren Sie vielleicht nächstes Jahr gemeinsam in den Urlaub oder veranstalten eine Grillparty, erfahren die Adresse Ihres zukünftigen Geschäftspartners oder eines tollen Friseurs.

Netzwerken nennt man das und es ist supermodern. Dabei ist es eigentlich ein alter Hut, denn die Reichen haben so schon immer gelebt und untereinander auf genau diese Weise ihre Geschäfte gemacht. Lernen Sie von ihnen die guten Sachen und lassen Sie die anderen.

Um Ihnen zu helfen, diese neue Sichtweise zu erlernen, werden im Folgenden solche Projekte vorgestellt, die bereits real existieren. Theorien nutzen ja nur, wenn sie sich real umsetzen lassen.

Wenn Sie diese Lösungsansätze auf Ihre eigene Lebenssituation umstricken, fallen Ihnen sicherlich viele spannende und kreative Lösungsansätze ein.

KAPITEL 14

INSPIRATIONSMODELLE

*„Probleme kann man niemals mit den Gedanken lösen,
die sie erschaffen haben." (Albert Einstein)*

Zu Beginn erzähle ich Ihnen ein Beispiel für Teilhabe aus meinem eigenen Leben. Ich beschloss 2011, dass ich mein erstes Buch veröffentlichen wolle. Und zwar selbst. Geld hatte ich keines und meine Rechtschreibung lässt manchmal zu wünschen übrig.

Das letzte Problem ging ich als Erstes an:
Ich kenne eine Germanistik-Studentin mit Verlagserfahrung, die bereit war, mein Manuskript zu lektorieren. Dafür übereignete ich ihr einen Gewinnanteil an meinem Werk.
Die Germanistik-Studentin hatte nicht viel zu verlieren. Zum einen half sie mir aus persönlicher Verbundenheit. Zum anderen hatte sie bereits zuvor als Praktikantin für einen echt

chaotischen Verlag gearbeitet, dessen Arbeitsbedingungen nicht gerade berauschend waren. Geld hatte sie dabei keines verdient. Und die Manuskripte, die sie dort bearbeitete, fand sie meist ziemlich arbeitsintensiv und nicht der Mühe wert. Wenn sie also nun bereit war, mein Manuskript zu lektorieren, stand sie vor folgender Situation: Vielleicht würde sie eine Menge Arbeitsstunden in ein Werk hineinstecken, das ein Flop wird und ihr damit kein Geld bringt.

Als Angehörige der Generation Praktikum war das bedauerlicherweise kein ungewohnter Umstand für sie. Im Gegensatz zum vorigen Verlag hatte sie hier jedoch die Möglichkeit, eigene Ideen einzubringen, und wurde wertschätzend behandelt. Sie konnte sich ihre Zeit frei einteilen, arbeiten, wo sie wollte, und bekam wenigstens die Spesen ersetzt. Obendrein hatte sie sich die Option auf ein späteres Einkommen erarbeitet.

Der Vorteil eines solchen Handelns ist der, dass es vor allem wenig Nachteile gibt. Stellen Sie sich die Lektorin vor, die für J. K. Rowling arbeitete. Sie war in der glücklichen Lage, vom Verlag ein sicheres Einkommen zu erhalten. Leider ist sie aber auch in der unglücklichen Lage, dass sie für den Rest ihres Lebens wird arbeiten müssen, egal, wie groß ihr arbeitsmäßiger Anteil an den erwirtschafteten Millionen war. Wäre sie nach dem Prinzip der Teilhabe bezahlt worden, müsste sie nie wieder Bücher lektorieren, es sei denn, sie würde es aus Freude machen.

Eine ehemalige Kollegin von mir hat ebenfalls Germanistik studiert. Auch sie lektorierte während des Studiums das Erstlingswerk eines Verwandten. Dieser wurde mit diesem und den nachfolgenden Büchern ein erfolgreicher Autor. Er besitzt mittlerweile zwei Häuser, sie bekam 250,- DM.

Wahrscheinlich wäre in meinem Fall meine Lektorin mit

250,- € besser bedient gewesen. Das wird die Zeit erst weisen. Ich hoffe natürlich, dass sie deutlich mehr als 250,- € im Laufe ihres Lebens damit verdienen wird.

Sie fragen sich nun vielleicht: „Wie? Sie erhält das Geld lebenslang?" Ja, natürlich, solange ich dieses Buch verkaufe, wird sie ihren Anteil erhalten. Schließlich hört ihr Anteil am Werk über die Jahre nicht auf zu existieren. Die gefundenen Schreibfehler wandern nicht irgendwann wieder ins Buch zurück, also gebührt ihr auch dauerhaft die Teilhabe.

Falls sie ein erfolgloses Werk lektorierte, hat sie Erfahrungen gesammelt und wenig Schaden davongetragen. Hätte sie dagegen an einem Bestseller mitgewirkt, wären leere Rentenkassen später für sie kein Problem mehr.

Bleiben wir realistisch: In den allermeisten Fällen wird das Ergebnis besser als ein Flop sein, aber einen auch nicht reich machen. Interessant wird das Ganze aber vor allem, wenn man an vielen solchen Projekten teilgenommen hat. Da könnten sich auch kleine Beträge im Laufe der Zeit summieren.

Und natürlich wird man bei jedem teilhabenden Projekt reicher. Man sammelt Erfahrungen, verbessert die eigenen Kenntnisse, lernt neue Menschen oder auch Orte kennen und gewinnt Selbstvertrauen in die eigenen Fähigkeiten. Letztlich besteht die Möglichkeit, dass sich schließlich auch der finanzielle Erfolg einstellt.

Wenn Sie einmal anfangen, mit dieser Sicht durch die Welt zu laufen, werden Sie entdecken, wie viele talentierte Menschen es gibt, deren Fähigkeiten brach liegen.

Wir haben haufenweise junge Menschen, die entweder keinen Ausbildungsplatz erhalten oder als Praktikanten fast kostenlos arbeiten. Dazu kommen Mütter, die zwar schon oft ein wenig Zeit haben, jedoch zu wenig für einen festen Job.

Wenn Sie jetzt noch die ganzen Arbeitslosen addieren,

die sich häufig auch noch nutzlos vorkommen, ebenso wie die ganzen älteren Menschen, die angeblich unserer Gesellschaft nichts mehr zu geben haben, dann liegt in Deutschland ein riesiges Potenzial brach. Wir verfügen über einen unermesslichen, unausgeschöpften Reichtum, den es zu nutzen gilt. Und zwar auf faire Weise, weil sich einzubringen auf diese Weise immer ein Gewinn ist!

In anderen Ländern sind die Umstände und Bedingungen vielleicht ein wenig anders, aber das Prinzip ist weltweit anwendbar.

Ich sehe, wie es in Ihrem Gehirn arbeitet: Sie sehen vor sich ausgestellte Bilder, lektorierte Bücher, Schmuck in Kommission verkauft oder Hausfrauenvereinigungen, die Catering-Firmen gründen. Sehen Sie es nicht nur vor sich. Setzen Sie es um. Spielen Sie versuchsweise mit den Möglichkeiten. Wenn Sie diese Wege anfangen zu beschreiten, bieten sich Ihnen ungeahnte Gelegenheiten, auf die Sie zu Beginn gar nie gekommen wären.

Was aber, wenn es nötig wird, nicht nur Kenntnisse einzubringen, sondern auch Geld in die Hand zu nehmen? Dann gilt das gleiche Prinzip der Teilhabe.

Nachdem mein Buch lektoriert war, stand ich vor dem Bedarf an Geld für die riesigen Druckkosten. Dazu kam der Kauf der ISBN-Nummern, Kosten für Umschläge, Visitenkarten, Briefmarken und Werbung.

Hätte ich versucht, meine Bank von einem Kredit für mich zu überzeugen, wäre bestenfalls der Stoff für eine humoreske Kurzgeschichte dabei herausgekommen:

„Guten Tag, Frau Esser. Was führt Sie zu mir? Sie hätten gerne einige Tausend Euro für Ihren neu gegründeten Selbstverlag? Haben Sie Sicherheiten? Ja, das ist schön, dass

Sie sich sicher sind, dass die Welt Ihre Bücher braucht. Ich dachte bei Sicherheiten aber eher an Wertpapiere oder Häuser und Yachten? Nein?! Und Sie sagten, dass Sie noch nie im Verlagswesen gearbeitet haben, habe ich Sie da richtig verstanden? Also entschuldigen Sie, meine Dame, aber solche Geschäfte bekommen wir niemals von der Kreditabteilung genehmigt. Leider kann ich gar nichts für Sie tun. Schönen Tag noch.

Ach, aber wenn Sie gerade hier sind: Darf ich Ihnen bei dieser Gelegenheit unsere neueste Hellas-Anleihe vorstellen? Staaten machen nie bankrott, todsicheres Geschäft. Diese Anleihe ist zusätzlich durch die Bruchbuden-Immoholding und die Park-Bank gesichert und diese ist wiederum durch die Geier-Sturzflug-Versicherungs Ltd. ausfallgesichert.

Ja, für den Ankauf würden wir Ihnen gerne Geld leihen. Aber selbstverständlich, natürlich würden wir diese Wertpapiere dann auch als Sicherheit für Ihr Geschäftsdarlehen akzeptieren. Unterschreiben Sie einfach hier und hier und viel Erfolg mit Ihrem Buch."

Da ich mit Verrückten keine Geschäfte tätige, wendete ich mich an jemanden, der eindeutig mehr Geschäftssinn besitzt. Jemanden, der mich lange kennt und weiß, dass er sein Geld wiedersehen wird, egal, ob mein Buch erfolgreich ist oder nicht. Mit diesem handelte ich folgenden Deal aus: Er erhielt eine prozentuale Beteiligung am Umsatz. Sollte dieser innerhalb von zehn Jahren die geliehene Summe nicht deutlich übersteigen, sprich, mein Buch ihm keinen angemessenen Gewinn erwirtschaften, bekäme er die Summe dennoch als Privatdarlehen zurückgezahlt.

Aber: Leihen und verleihen Sie nur Geld, wenn Sie sich das auch leisten können. Verleihen Sie niemals Geld, das Sie vielleicht in drei Monaten selbst benötigen. Seien Sie auf beiden Seiten sehr pessimistisch, was die mögliche Rückzahlung anbelangt, und sorgen Sie dafür, dass Ihre persönliche Beziehung auf solch soliden Füßen steht, dass diese nicht durch dieses Geschäft zerstört werden kann.

Verdrängen Sie nicht die Tatsache, dass dennoch ein Restrisiko verbleibt.

Das Möglichkeitenfeld der Teilhabe ist riesig. Es ist so vielfältig wie das Leben selbst. Ich erlebe Teilhabeprojekte auf kleinen, von der Öffentlichkeit gar nicht wahrgenommenen Wirtschaftsebenen. Hier einige Beispiele:

- Ein Bauernhof, der, in viele kleine Wohnungen aufgeteilt, allen Bewohnern ihre erhoffte Idylle zu bezahlbaren Konditionen liefert
- WG's mit integriertem Carsharing und Kinderbetreuungsmodellen
- Senioren, die mit den Hunden Berufstätiger spazieren gehen, fit bleiben, Abwechslung und Anerkennung erleben
- Günstig gepachtete Ackerflächen, die in gemeinsamer Gartenarbeit günstiges Biogemüse liefern und das Fitnessstudio ersparen
- Im Freundeskreis abgesprochene Buchanschaffungen
- Mitfahrgelegenheiten per Twitter und
- Hausaufgaben-Betreuungsrunden

im Rotationsverfahren.

Wenn Sie einmal anfangen, gibt es gar kein Ende für solche gemeinschaftlichen Win-win-Situationen. Man muss aus seiner Not nur eine gemeinschaftliche Tugend machen. Noch schöner ist es, wenn erst gar keine Not entsteht, sondern man aus Freude heraus Teilhabe ausprobiert.

Teilhabe gab es auch früher schon. Als ich und vier andere Mitschüler in der 7. Klasse grauenhafte

Englischnoten am Fließband produzierten, organisierte meine damalige Klassenlehrerin für diese Gruppe von Schülern eine gute Nachhilfelehrerin.

Da sich die Teilnehmenden die Kosten für diese Studentin teilten, die Gruppe aber klein genug war, um intensiv zu üben, gewannen alle dabei. Die Nachhilfelehrerin bekam mehr Geld als üblich und unsere Eltern konnten sich die Nachhilfe leisten (was sonst nicht der Fall gewesen wäre). Meine Noten verbesserten sich nicht nur, sondern ich lernte Englisch lieben und begann freiwillig, englische Kurzgeschichten zu lesen und zu übersetzen. Ein wichtiger Motivator war für mich, dass ich endlich die Liedtexte der Songs, die ich mochte, verstand.

Ein paar Jahre später gab ich dann wiederum einem türkischstämmigen Jungen aus meinem Bekanntenkreis in mehreren Fächern Nachhilfe, darunter auch in Englisch. Mein Schüler schaffte es von der Hauptschule auf die Realschule, womit mein Job endete. Seine Erfolgsgeschichte aber nicht, denn durch die Erfolgserlebnisse motiviert, startete er dann auf eigene Faust durch und ging schließlich aufs Gymnasium.

Alle waren glücklich. Ich hatte mein Taschengeld aufpoliert und er seine Zukunftschancen verbessert. Seine schlaue Mutter, die mich engagiert hatte, war stolz ohne Ende. Sie war selbst als Putzfrau tätig, aber hatte erkannt, dass Bildung ihrem Sohn viel mehr Möglichkeiten verschaffen würde.

Ach ja, meine Klassenlehrerin, die sich die Mühe gemacht hatte, die Nachhilfe für mich und meine Mitschüler zu organisieren, wofür der Haufen damals wahrscheinlich nicht sehr dankbar war, hatte uns und sich vor einer Sitzenbleib-Welle bewahrt. Wie ich hörte, wurde sie später sogar Schulleiterin. Und gerade wird sie in einem Buch erwähnt. Teilhabe kann mit kleinen Aktionen für viele

Menschen Gewinn erbringen. Und der positive Dominoeffekt ist in seinen Auswirkungen meistens nicht einmal annähernd absehbar.

Das Einbringen eigener Zeit und Ressourcen in eine Unternehmung auf Teilhabebasis wird nicht in jedem Fall finanziellen Erfolg mit sich bringen. Erfolg jedoch nur in Geld auszudrücken, ist völliger Unsinn. Gewonnene Erfahrungen, hergestellte Kontakte und Gelegenheiten zu weiterem Handeln bedeuten ebenfalls einen Erfolg, nur lassen sie sich nicht so einfach in Bilanzen darstellen, weil ihr Gewinn kein direkter und in Zahlen nicht darzustellen ist oder sich erst viel später finanziell ausdrückt.

Probieren Sie es einmal aus. Wo liegen Ihre Talente? Arbeiten Sie an ihnen. Sie nutzen damit sich und Ihrer Umgebung. Wenn Sie es nicht machen, ist die Welt ein Stückchen ärmer. Sie sind eine Bereicherung für die Welt. Nicht das Geld auf Ihrem Konto macht Ihren Wert aus. Das ist nur ein Teil Ihrer Ressourcen. Missverstehen Sie mich nicht. Wir benötigen Geld, aber es ist bei Weitem nicht das Maß aller Dinge.

Es klingt zuerst seltsam, wenn ich gestressten Menschen, die im Alltags-Hamsterrad rennen, den Rat gebe, sich weitere Beschäftigungen zuzulegen. Falls Sie zu den Menschen gehören, die immer viel zu viel um die Ohren haben und denken, dass sie keine Zeit haben, dann sage ich Ihnen, dass ausgerechnet Sie Beschäftigungen brauchen, die Ihnen echte Freude bereiten.
Gerade Sie benötigen für sich selbst sinnvoll erlebte Zeit, die als Burn-out-Prävention wirkt.
Nehmen Sie sich ganz dringend Zeit für sich selbst. Für die Dinge, die Ihnen Freude bereiten. Es gibt hier ein sehr interessantes Phänomen: Wenn Sie sich die Zeit nehmen,

werden Sie sie plötzlich auch haben. Und Sie wird Ihnen gut tun.

Wenn Sie erst einmal herausgefunden haben, was Ihnen wirklich Freude bereitet, werden Sie die Dinge aus Ihrem Leben eliminieren, die Ihre Zeit verschwenden. Sie werden feststellen, dass es in Ihrem Leben unglaublich viele Zeitdiebe gibt. Wenn Sie etwas für sich selbst entdecken, das Ihr Herz höher schlagen lässt, werden Sie keine Geduld mehr aufbringen, um Ihrer Schwägerin bei den ewig gleichen Jammereien am Telefon zu lauschen.

Sie werden feststellen, dass einige der Fernsehsendungen, die Sie abends immer schauen, keinesfalls so fesselnd sind wie Ihr eigenes kleines Abenteuer. Falls Ihr Hamsterrad Sie schon seit vielen Jahren gefangen hält, kann es gut sein, dass Sie bei der ganzen Rennerei ganz vergessen haben, was Ihr Herz höher schlagen lässt.

Das macht aber nichts, denn das können Sie wiederfinden. Vielleicht müssen Sie ein wenig suchen, wie nach einem lang vergessenen Schatz. Aber Sie können sicher sein, dass er da ist. Falls Sie gar keine Ahnung haben, wo Ihre Schätze liegen, macht auch das nichts. Es gibt Menschen, die auf Schatzkarten solcher Art spezialisiert sind. Eine Person, die ich besonders schätze, ist Barbara Sher, eine warmherzige und pragmatisch ausgerichtete ältere Dame mit entsprechender Lebenserfahrung. Von ihr ist u. a. „Ich könnte alles tun, wenn ich nur wüsste, was ich will" im Deutscher Taschenbuch Verlag erschienen.

Falls Ihnen ein Buch für die Schatzsuche nicht genügt, dann empfehle ich Ihnen die Berufungs- und Erfolgsseminare von Veit Lindau. Dieser ist ein sehr sympathischer und bodenständiger Mensch, der viel Erfahrung mit dem Heben von inneren Schätzen und dem Thema Berufung hat. Obendrein ist er ein hartnäckiger

Motivator und trickst garantiert auch Ihren inneren Schweinehund aus, damit sie nicht auf halben Weg aufhören. Sie finden ihn im Internet unter www.veitlindau.com.

Herauszufinden, was wirklich Ihr inneres Ziel ist, ist eine unglaublich wichtige Aufgabe. Wenn Sie denken, dass Sie sich den Zeitaufwand nicht leisten können, lautet meine Antwort: „Sie können es sich nicht leisten, Ihr Leben weiter im Hamsterrad zu verbringen."

Fangen Sie klein an. Investieren Sie das an Zeit und Geld, was Sie entbehren können.

Investieren Sie in Dinge, die Sie wirklich interessieren, und arbeiten Sie mit Menschen zusammen, die Ihnen sympathisch und überzeugend erscheinen. Sie werden dort am erfolgreichsten sein, wo Sie lieben, was Sie tun.

Halten Sie sich von allem fern, was sich sehr mühsam anfühlt oder wo die „Chemie" mit den anderen einfach nicht stimmt. Vorsicht, wenn Ihnen jemand das Blaue vom Himmel verspricht.

An etwas teilzuhaben ist für Menschen eine wichtige Erfahrung. Wir sind soziale Wesen und brauchen den Austausch und die Erweiterung in unserem Dasein, um wirklich erblühen zu können.

Leider sind viele Menschen von der Teilhabe getrennt, weil sie sich mit ihren kleinen Einkommen z. B. keine kulturellen Ereignisse anschauen können. Auch hier wartet ein großes Feld darauf, dass wir Initiative zeigen.

In meiner Heimatstadt Frankfurt gab es früher einmal unverkaufte Restplätze im Theater verbilligt für Sozialhilfeempfänger zu erwerben. Im Zeiten von Hartz IV sind solche Projekte zwar oft abgeschafft worden, aber wenn Sie sich mit mehreren zusammenschließen und vernünftig, aber konsequent argumentieren, dann könnte es durchaus sein, dass Sie doch Sponsoren oder Entgegenkommen bei den Verantwortlichen finden können. Denn sich großzügig zu zeigen, lohnt sich auch für den Gebenden. Zum einen ist es eine gute Werbung, sich spendabel zu präsentieren. Und es ist eine gute Investition. Jemand, der trotz des aktuellen Geldmangels teilhaben kann, wird später vielleicht mal ein zahlender Stammkunde, sobald sein finanzielles Tief hinter ihm liegt.

Insofern sollten wir uns einige neue Ideen einmal näher anschauen. Wir sollten sie nicht deshalb ablehnen, weil sie von unseren bisherigen Erfahrungen abweichen. Probleme bieten immer auch Gelegenheit dazu, neue Lösungen zu finden.

Wer weiß? Vielleicht kommen gerade aus den Reihen der angeblich „ökonomisch Nutzlosen" entscheidende Impulse für unseren Weg in die Zukunft.

KAPITEL 15

EIN GRUNDEINKOMMEN ALS ZUKUNFTSMODELL?

„Nicht weil es unerreichbar ist, wagen wir es nicht, sondern weil wir es nicht wagen, ist es unerreichbar."
(Seneca)

Wertschätzung und Teilhabe sind direkt miteinander verknüpft. Wir haben gesehen, wie die eigene Angst vor dem Mangel Menschen in Neid und Gier treibt. Wenn wir weiter Angst haben, der andere würde mit seinem Anteil mein eigenes Überleben gefährden, dann geht der Kampf um Ressourcen immer weiter.

Wir können Mangel und Überlebensangst aber auch nicht einfach wegdiskutieren. Wir können ihnen nur die Grundlage entziehen, indem wir die Menschen vom reinen Überlebenskampf befreien. Nicht vom Wettbewerb und von der Eigenverantwortung für das eigene Leben – aber vom Kampf ums Überleben, der auch in unserer

Überflussgesellschaft immer noch vorhanden ist.

Wir können dies nur beenden, indem wir den Menschen ihr Überleben garantieren.

In den letzten Jahren ist viel über das Bedingungslose Grundeinkommen (BGE) diskutiert worden. Es gibt zu dem Thema viele Veröffentlichungen, weshalb ich mich im Rahmen dieses Buches nur mit einigen grundsätzlichen Aspekten und Argumenten beschäftige:

Eines der ersten Bedenken, das ich zum Thema Grundeinkommen immer wieder höre, ist die Befürchtung, niemand wolle dann mehr arbeiten. Ich kann Ihnen versichern, dass einem Menschen, der wirklich partout nicht arbeiten will, auch jetzt genug Tricks und Kniffe einfallen, um alle Vermittlungsversuche zu boykottieren. Wirklich Arbeitsunwilligen ist auch durch Entzug der Sozialleistungen nicht beizukommen, man treibt sie nur in die Illegalität und zu dummen Verzweiflungstaten.

Das Zahlen von Sozialleistungen ist, so betrachtet, nicht unbedingt ein Zeichen der Menschlichkeit unserer Gesellschaft, sondern dient eher der Verhinderung von Kriminalität.

Fast jeder, der schon einmal in die Verlegenheit kam, staatliche Leistungen beantragen zu müssen, kann über Willkür und menschenunwürdige Behandlungen berichten. Dahinter steckt System, da es den Antragstellern oft so schwer wie möglich gemacht werden soll, damit sie sich in ihrer misslichen Lage nicht bequem einrichten.

Auch dies ist wieder Ausdruck unserer kranken Werte. Wenn man sich über einen bedürftigen Menschen stellt, zeigt man damit nicht, dass man besser ist als er. Im Gegenteil, mit einer solch armseligen Lebenseinstellung beraubt und erniedrigt man sich selbst am meisten.

Im Gegensatz zu allen durch Regenbogenpresse und Talkshows verbreiteten Märchen ist die Zahl der wirklich arbeitsunwilligen Menschen sehr gering.

Menschen zu motivieren macht Sinn, Zwang jedoch nicht. Was ist das für eine seltsame Idee, Menschen zur Arbeit zu zwingen? Wer gibt uns das Recht dazu? Und wieso sollten wir das wollen? Wieso versuchen wir nicht, ihnen Raum zur Entwicklung zu geben und überlassen das, was sie daraus machen wollen, ihnen selbst? Für uns selbst würden wir diese Freiheit gerne wählen, aber anderen gönnen wir sie nicht.

Menschen, die Angst haben, bei einem bedingungslosen Grundeinkommen wolle niemand mehr arbeiten, frage ich dann meist, ob sie selbst für den Rest ihres Lebens in der Hängematte liegen bleiben wollten. Sie starren mich daraufhin mit ganz großen Augen an und sagen völlig empört: „Natürlich nicht. Das wäre mir zu langweilig. Ich würde natürlich weiter arbeiten." Das fand ich erstaunlich. Bei dutzenden von entsprechenden Gesprächen antwortete jeder, ein bisschen mehr Freiheit und Freizeit wären schön, aber niemand wollte sich für immer der Arbeit entledigen.

Ist das nicht seltsam? Wieso denken wir, alle anderen wären Drückeberger? Wenn ich im Gespräch die Menschen dann über die Klippe bringe und sage: „Okay, stell dir einmal vor, du würdest im Monat 800,- oder 1.000,- € einfach so bekommen, ohne Bedingung, ohne Zwang, wie würdest du dann leben?"

Dann geschieht meist etwas unglaublich Interessantes: Die Menschen blühen vor meinen Augen sofort sichtlich auf, ihre Augen werden wach und funkeln bei dem bloßen Gedanken daran, was sie für tolle Dinge machen würden. Wir sind ein Volk von talentierten, interessierten Menschen, die all ihre Talente und Begabungen einem Leben als Lohnsklaven geopfert haben. Viele Menschen würden in dem Beruf weiterarbeiten, den sie bereits ausüben, aber weniger Stunden. Viele sagten auch, sie würden eine menschlichere Behandlung einfordern. Das ist doch das eigentlich Revolutionäre an diesem Gedanken. Und ich behaupte, wenn die Menschen ihre Stunden nicht mehr zwecks Einkommenserzielung absitzen müssten, wäre ihre Arbeit während der Stunden, die sie anwesend wären, sehr viel effektiver.

Wenn Wirtschaft und Politik mehr Fachkräfte einfordern, dann muss es überhaupt erst einmal die Freiräume geben, sich neben seiner Berufstätigkeit und den Erfordernissen des Familienlebens entsprechend weiterzubilden. Mit einem BGE wäre dies möglich und würde unsere Gesellschaft bereichern.

Sehr viele Menschen erzählten mir von einem Studium oder einer sonstigen Weiterbildung, die sie so gerne machen würden, aber finanziell oder zeitlich nicht umsetzen können.

Ebenfalls profitieren würde die „Generation Praktikum", die nach dem Studium von Luft und Liebe leben soll, weil die Firmen ihre Arbeitskraft benötigen, ihnen jedoch wenig bezahlt, weil sie noch nicht genügend Arbeitserfahrung besitzen. Mit dem BGE wären Praktika durchführbar.

Ein weiterer Einwand ist, dass es dann Arbeiten gäbe, die keiner machen wollte, wie putzen und den Müll einsammeln. Also zum einen gibt es erstaunlich viele Menschen, denen es Freude bereitet, für Sauberkeit zu sorgen, und zum anderen würden Löhne dann sehr viel gerechter ausfallen. Für sehr unangenehme Arbeiten würde dann endlich gerechterweise durch höhere Lohnzahlungen ein Ausgleich geschaffen werden müssen.

Was bei all den Gesprächen mit Menschen auch herauskam: Ein bedingungsloses Einkommen würde den Menschen meist gar nicht reichen für den Lebensstandard, den sie sich wünschen. Abgesehen davon, dass Menschen sich gerne beteiligen und beweisen. Es wäre schön, wenn Menschen es sich aussuchen könnten, ob sie bei Bratkartoffeln in einem WG-Zimmer leben wollen, während sie sich weiterbilden, einer künstlerischen oder sozialen Tätigkeit nachgehen. Oder sie sich doch lieber als Straßenkehrer, Bäcker oder Kellner ihren Urlaub, eine schöne Wohnung und ein Auto erarbeiten wollen.

Wer sich seine eigene Meinung bilden und sich mit dem Thema eingehender beschäftigen möchte, findet dazu reichhaltige Literatur. Die Bücher von Götz Werner zum Grundeinkommen kann ich empfehlen, da er einfache, aber einleuchtende Argumente anbringt. Als Gründer und Leiter der dm-Drogerien gehört er bestimmt nicht zu den Fantasten, sondern steht mit beiden Beinen im Arbeits- und Unternehmerleben.

Mit der Einführung des BGE würden unwürdige Arbeitsbedingungen, Mobbingopfer und Bespitzelung der Arbeitnehmer endlich der Vergangenheit angehören. Arbeitgeber, die ihren Angestellten gute Entwicklungsmöglichkeiten und Arbeitsbedingungen zur Verfügung stellen würden, wären dann gesucht, während schlechtgelaunte Ausbeuter Probleme hätten, Personal zu finden und das Schmerzensgeld, genannt Gehalt, erhöhen müssten.

Wenn das eigene Überleben gesichert wäre, würden Arbeitnehmer keine unwürdigen und gesundheitsgefährdenden Zustände mehr hinnehmen müssen, um ihr Überleben zu sichern.

Das BGE wird immer hingestellt, als würde mit dessen Einführung niemand mehr arbeiten gehen. Das ist völliger Unsinn. Die meisten Menschen wünschen sich zum einen mehr Geld, um sich auch einen gewissen Lebensstandard und Luxus gönnen zu können, und ziehen Befriedigung aus dem Gefühl, etwas geleistet zu haben.

Viele denken, wir würden uns ein Grundeinkommen finanziell nicht leisten können, aber das stimmt nicht. Wir leisten es uns bereits für zwei Drittel der Bevölkerung, aber merken es nicht einmal.

Wie das Bundesministerium für Arbeit und Soziales in seinem Sozialbericht 2009 veröffentlichte, betrug der Anteil der Sozialausgaben in diesem Jahr 31,9 %. D. h., knapp ein Drittel unserer gesamten Wirtschaftsleistung fließt in den Bereich Soziales.

Zudem gibt es einige Ansätze, die vorrechnen, wie das BGE bezahlbar wäre. Es liegt also auch nicht an der Bezahlbarkeit. Es liegt an der Undenkbarkeit.

Ein weiterer Faktor: Das Verwalten der riesigen Ströme an Grundsicherung im Alter, BAföG, Elterngeld und Hartz IV verschlingt eine solche Unsumme an Ressourcen, wie Zeit, Geld und Energie, dass das Zahlen eines einheitlichen Existenzminimums uns eine Menge Geld sparen würde.

Die Frage ist eher, ob wir es uns leisten können, kein Grundeinkommen einzuführen? Wo soll all die Innovation herkommen, die für die Gestaltung der Zukunft nötig sein wird? Woraus soll Entwicklung entstehen, wenn alle immer nur auf der Stelle treten?

Dieses Buch, das Sie in den Händen halten, wäre in meinem alten Fulltimejob niemals geschrieben worden. Ich habe, wie sehr viele andere Menschen, auf vieles verzichtet, um diese Arbeit leisten zu können. Wir ahnen gar nicht, wie viele Bücher ungeschrieben sind, wie viele Doktorarbeiten nicht verfasst werden, wie viele künstlerische und soziale Arbeit nicht geleistet wird, einfach weil den Menschen im Hamsterrad die Zeit und Energie fehlt, diese Leistungen zu erbringen.

Götz Werner und Adrienne Goehler schreiben in „1000 €
für jeden" auf S. 116: „Für die Schriftstellerin, die das Buch
erst schreiben muss, damit es ein staatlich finanzierter
Bibliothekar mit einer Signatur versehen und archivieren
kann, ist keine Form von Gehalt vorgesehen. Ist das
gerecht?" Bei dieser Frage fühlte ich mich natürlich direkt
angesprochen.

Wer Vorhandenes bewahrt und verwaltet, wird vom
System belohnt. Wer sich weiterentwickelt und für die
Allgemeinheit einen Beitrag leisten will, ist auf sich allein
gestellt. Ist das nicht verdreht?

Statt Ermutigung und Unterstützung bekam ich von einer
Verwandten zu Weihnachten eine Postkarte mit dem
frommen Wunsch, ich möge doch im neuen Jahr endlich
einen „richtigen" Job finden. Dabei habe ich einen bezahlten
Teilzeitjob, mit dem ich mir mein Grundeinkommen
verdiene. Und ich habe mehrere weitere, teils unbezahlte,
Jobs. Ich arbeite letztlich mehr als die meisten Menschen.

Allerdings wird das von vielen Leuten nicht
wahrgenommen. Ein anderer Verwandter von mir jammerte
mir gerne sonntags am Telefon stundenlang etwas über die
Wirtschaftslage, böse Politiker und seine anhaltende
Arbeitslosigkeit vor. Als ich ihm mitteilte, dass ich keine
Zeit habe, weil ich zur Pflanzaktion meiner Urban-
Gardening-Gruppe müsse, noch einen Podcast-Termin habe
und eine kostenlose Lesung in einer Seniorenwohnanlage
vorzubereiten hätte, meinte er nur trocken: „Ja und, verdienst
du damit Geld?" Mit meinem „Nein" war für ihn jegliches
Interesse an meinen Beschäftigungen erloschen. Ich und
meine Tätigkeiten hatten damit in seinen Augen keinerlei
Wert. Absurd.

Er steht stellvertretend für einen sehr großen Teil der
Bevölkerung, der so sehr auf Geld, dessen Verdienst oder
dessen Mangel ausgerichtet ist, dass ihnen andere Werte und

ein anderer Nutzen als der in Geldeswert gar nicht mehr in den Sinn kommt.

Unsere Gesellschaft wäre arm dran ohne all die Menschen, die bereits jetzt ihr Bestes geben. Ihre Talente, ihr Engagement und ihre Zeit. Und unsere Gesellschaft könnte noch so viel reicher sein, wenn diese Menschen endlich eine Wahl hätten, wie sie leben und arbeiten wollen.

All die Menschen, die sich gerne weiterentwickeln und in die Gesellschaft einbringen würden, aber es nicht machen, weil es ihnen an Möglichkeiten fehlt. So viele Menschen, die nicht den Mut haben, „ihr Ding" zu machen, weil sie dann von ihrer Umgebung als Spinner angesehen werden. Was für eine Verschwendung an Wissbegierde, Talent und Innovation.

Wenn für das grundlegende Überleben gesorgt ist, wird dies auch den alten Klassenkampf zwischen Arbeitgebern und -nehmern entschärfen können. Es wäre wünschenswert, wenn Arbeitgeber nicht die Verzweifelten ausnutzen können, sondern sich attraktiv für ihre Angestellten machen müssten.

Die Idee, Angestellte nicht zu reglementieren, sondern zu verwöhnen, hatte z. B. ausgerechnet Mark Zuckerberg in seiner Firma Facebook umgesetzt. Egal, wie man ansonsten zu Facebook steht, man muss die Tatsache anerkennen, dass diese Firma es geschafft hat, einer der beliebtesten Arbeitgeber überhaupt zu werden. Und zwar nicht durch strikte Regeln, sondern indem die Angestellten in einer Art riesigem Freizeitpark auf alle nur erdenkliche Arten verwöhnt werden. Die Mitarbeiter halten ihre Meetings ab, während sie sich ein Eis gönnen oder miteinander Tischtennis spielen. Natürlich ist das Essen kostenlos und die Angestellten bekommen von glutenfrei bis vegetarisch oder gar vegan alles, was das Herz begehrt. Während der

Arbeitszeit kann man einen Friseur aufsuchen und bekommt Massagen auf Firmenkosten. Das Hauptfortbewegungsmittel auf dem Gelände sind Fahrräder. In einer solchen Firma sitzt niemand seine Stunden ab und versucht schnell in den Feierabend zu entkommen. Es macht Spaß, dort zu arbeiten. Und natürlich zahlt sich diese Großzügigkeit für das Unternehmen sogar aus, denn die Mitarbeiter fühlen sich ihrer Firma eng verbunden, sind äußerst leistungsbereit und bleiben auch gerne mal länger. Das Prinzip der Teilhabe schafft Win-win-Situationen. Das ist ihr Markenzeichen. Dafür müssen wir aber aufhören, in Schwarz-Weiß zu denken.

In unserer Gesellschaft, in der sowohl das finanzielle als auch das soziale Überleben von einem Vollzeitarbeitsplatz abzuhängen scheint, kenne ich z. B. keineswegs nur Fälle von Ausbeutung der Angestellten. Nein, es gibt auch viele Fälle, in denen ein Arbeitgeber aus sozialer Verantwortung heraus Mitarbeiter beschäftigt, die für ihn eigentlich nicht tragbar sind. Man findet das selten in den Medien breitgetreten, denn welcher Arbeitgeber würde sich schon hinstellen und sagen, dass bei ihm unproduktive oder medikamenten- und alkoholabhängige Menschen geduldet werden, weil der Chef es nicht mit seinem Gewissen vereinbaren kann, diese Menschen ins soziale Aus zu katapultieren?

Unser System ist einfach viel zu ungerecht – und zwar den meisten gegenüber. Ein Faktor, der heutzutage auch oft übersehen wird, sind Arbeitgeber, die ihre Angestellten zu Billiglöhnen beschäftigen und dafür sorgen, dass diese ergänzende Mittel des Staates, sei es Hartz IV oder Wohngeld, beantragen müssen. Diese Firmen stellen eigentlich eine starke Wettbewerbsverzerrung dar. Letztlich bezahlt der Staat, d. h. der Steuerzahler, für die Tatsache, dass der Firmeninhaber entweder

a) sein Unternehmen nicht gewinnbringend führen kann oder

b) seine Angestellten schamlos ausnutzt.

Typisches Beispiel dafür wären Friseursalons, die ihren Angestellten einen Stundenlohn weit unter den geforderten 8,50 € zahlen. Wir haben noch kein BGE, aber wenigstens wird in Deutschland jetzt ein Mindestlohn eingeführt. Immerhin ein Anfang.

Manche wollen das Grundeinkommen gerne auf die armen Menschen beschränken. Sie finden es nicht gerecht, wenn jemand, der sowieso schon ein hohes Einkommen erwirtschaftet, auch noch Geld aus der Gemeinschaftskasse erhält.

Ein Grund dafür, ein Grundeinkommen nicht nur Armen zukommen zu lassen: Es widerspricht dessen Grundgedanken, eben nicht alles ordnen, systematisieren und bürokratisieren zu wollen. Bei einem Grundeinkommen würden wir zukünftig niemandem mehr seine Bratkartoffeln und sein WG-Zimmer entziehen, weil er ein Semester zu lange studiert oder irgendeinen Antrag einen Tag zu spät abgegeben hat.

Allen eine Grundlage zur Verfügung zu stellen und den Rest ihren persönlichen Wünschen, Befähigungen und Lebenssituationen zu überlassen, ist das wohl größte Maß an Gerechtigkeit, das wir momentan umsetzen können.

Wenn wir einem Menschen das Grundeinkommen verwehren würden, weil er ein gutes Gehalt erarbeitet, würde das bedeuten, dass wir Leistungsbereitschaft bestrafen. Das ergibt gesamtgesellschaftlich absolut keinen Sinn.

Auch ein Grundeinkommen wird die Ungleichheit unter den Menschen nicht beenden. Weil Ungleichheit zum Leben dazugehört. Nie sind zwei Menschen, ihre Lebensumstände, ihre Befähigungen und ihr Umfeld, wirklich identisch. Wir versuchen, mit Gesetzen und Verordnungen ein gewisses Maß an Unrecht auszugleichen, aber für Gleichheit werden wir dennoch nie sorgen können.

Ein Grund dafür: Die Natur kennt keine Gleichheit. Diese ist ihr entgegengesetzt. Es existieren nicht einmal zwei identische Schneeflocken. Unter dem Mikroskop betrachtet, hat jedes der Eiskristalle eine andere Form. Jedes ist auf seine Weise schön. Gleichheit ist also nicht möglich und auch nicht erstrebenswert. Die Natur erschafft keine Kopien, sondern nur Originale.

Wir können jedoch allen ein gewisses Grundmaß an Gerechtigkeit und Förderung zur Verfügung stellen.

Wenn wir uns beim Thema Finanzen an der Natur orientieren, dann handelt sie insofern gerecht, als dass jedes Samenkorn in sich die gleiche Anlage besitzt. Voilà: das Grundeinkommen. Jeder bekommt die Möglichkeit zu überleben. Nicht jedes Samenkorn fällt auf fruchtbaren Boden. Manche gehen nicht auf, sie haben ungünstige Bedingungen. Die Natur gibt ihr Bestes und der Rest ist nicht mehr ihr Problem. Noch nie hat die Sonne ihre Position gewechselt, damit die Tanne im Schatten gerecht behandelt wird und gleich viel Licht abbekommt. Und noch nie hat der Regenschauer seine Tropfen nur den Rosen oder dem Weizen geschenkt und sie den Disteln oder Gänseblümchen versagt. Auf solch seltsame Ideen kommen nur wir Menschen.

Das Wort „bedingungslos" hat ebenfalls einige Kontroversen ausgelöst. Bedingungslos ist insofern sinnvoll, weil es Irrsinn ist, was für Massen an Arbeitszeit, Geld und Ressourcen für die Gesetze, Verordnungen und Ausnahmen von der Ausnahme verschwendet werden, um Dinge wie

BAföG, Hartz IV, Elterngeld, Wohngeld und was es an öffentlichen Zuschüssen noch so geben mag, zu verwalten. All diese Regelungen sind ein Versuch, auf sehr komplizierte Weise Gerechtigkeit zu schaffen. Zumeist steht der Aufwand jedoch in keinem Verhältnis zur Ressourcenverschwendung und zum Unmut, der durch den Verwaltungsaufwand entsteht. Es ergibt einfach keinen Sinn, für ein Grundeinkommen einen neuen Paragrafendschungel zu erbauen.

Es gibt nichts Gerechteres, als jedem Bürger einerseits sein Überleben zu sichern und andererseits sein sonstiges Glück in seine Verantwortung zu legen.

Ein Argument gegen das „Bedingungslos" gibt mir allerdings schon zu denken. Wenn es in Deutschland an etwas mangelt, dann ist es das soziale Miteinander. Es gilt bei vielen nicht als ein positiver Wert, etwas für andere und gemeinsam mit ihnen zu erschaffen. Es wäre durchaus sinnvoll, wenn man diesem Staat, der einem Schutz und Freizügigkeit garantiert, in irgendeiner Form etwas zurückgeben würde.
Es entspricht dem natürlichen Prinzip, nicht nur teilzuhaben, sondern auch teilzunehmen.
Die meisten Menschen, mit denen ich sprach, fanden die Idee gut, einige Stunden Gemeinschaftsarbeit zu erbringen, insofern sie sich aussuchen könnten, ob sie Senioren betreuen, Kartoffeln in Kitas schälen oder doch lieber den Müll in öffentlichen Parks einsammeln wollen.
Ich finde die Idee grundsätzlich gut, sehe aber aktuell keinen Weg, sie ohne bürokratischen Aufwand, mit all deren Nebeneffekten, umzusetzen. Andererseits würde es mich auch nicht wundern, wenn jemand eine App dafür entwickelt.

Niemand, wirklich niemand, den ich im Rahmen der Recherche für dieses Buch fragte, was sie täten, wenn es ein Grundeinkommen gäbe, antwortete mir, dass er nicht mehr arbeiten wolle. Jeder sah es als selbstverständlich an, der Gesellschaft die eigenen Fähigkeiten zur Verfügung zu stellen. Der „faulste" Mensch berichtete mir mit einem deutlich schlechten Gewissen, er würde so gerne einmal für drei Monate durch Australien reisen. Es ist schlichtweg unmöglich, dass ich bei all den unterschiedlichen Menschen, die ich persönlich befragte, immer nur „die Guten" erwischte. Die Wahrheit lautet wohl: Die meisten sind gut – wenn man sie denn lässt.

Was mich auch irritierte: Viele angebliche Weltverbesserer haben sich darauf spezialisiert, allen ein schlechtes Gewissen einzureden. Unter Gerechtigkeit verstehen sie, dass es allen gleich elend gehen sollte. Das finde ich eine erbarmungswürdige Gesinnung. Aus schlechtem Gewissen sollen wir Annehmlichkeiten vermeiden, damit es uns genauso schlecht geht wie anderen? Soll es uns irgendwann allen gleich schlecht gehen oder ist das Ziel nicht, dass wir dafür sorgen sollten, es allen gleich gut gehen zu lassen?

Ein typisches Beispiel lieferte mir eine Frau, die in einem Jobcenter arbeitet. Ich wagte ihr gegenüber die These zu äußern, dass ein Mensch seine Zeit der Arbeitslosigkeit doch sinnvoll nutzen und sich kulturell betätigen könne. Völlig irritiert sah ich, wie wütend diese Frau wurde. Sie sagte mir, dass in Deutschland keiner das Recht habe, Bilder zu malen und Bücher zu schreiben, während er öffentliche Gelder beziehe, solange in irgendeinem Land auf der Welt auch nur ein einziger Mensch noch Hunger leiden müsse.

Ich fragte mich, ob sie ihrer Arbeit nicht gerne nachgeht, sondern eigene Ambitionen auf Selbstausdruck tief in sich begraben hatte. Denn wer sich nichts gönnt, kann es auch anderen nicht zugestehen.

Ich hakte nochmal nach und meinte, ich könne nicht sehen, wie die Welt durch gemeinsames Leiden verbessert werden könne. Sie antwortete wütend, der deutsche Wohlstand beruhe auf Beraubung der armen Länder. Da wollte ich ihr nicht einmal grundsätzlich widersprechen, aber ich sah immer noch nicht, wie es irgendwo Menschen von Hunger und Armut befreien sollte, wenn Arbeitssuchende keine Bilder malen oder Vasen töpfern. Mir war nicht klar, wieso ein Mensch z. B. die Zeit seiner Arbeitslosigkeit nicht sinnvoll nutzen sollte. Geteiltes Leid ist kein halbes Leid, das ist eine Lüge. Leid zu teilen kann es auch einfach verdoppeln.

Leiden als etwas Positives anzusehen, entstammt einem ziemlich kranken Weltbild. Sich und andere zu kasteien, weil Freude aus Prinzip erst gar nicht zugelassen werden kann, ist eine wirklich negative Sichtweise und wird niemals positive Ergebnisse mit sich bringen. Wir ernten, was wir säen. Armut, Leid und Entbehrung sind ziemlich verdrehte Werte, die genauso verdrehte Ergebnisse liefern.

Umgekehrt ergibt es Sinn. Gutes zu teilen und zu fördern. Andere am eigenen Wohlstand teilhaben zu lassen. Wenn es mir gut geht, es auch anderen gut gehen zu lassen. Nicht aus einer moralinsauren Pflicht, sondern aus der Freude an Entwicklung und Teilhaberschaft. Das ist geteiltes Glück aus der Fülle heraus.

Ein Grundeinkommen ermöglicht den Bürgern die Teilhabe am sozialen und kulturellen Leben. Nur in einer von echter Armut befreiten Gesellschaft besitzt der Mensch die Freiheit, das ihn ihm innewohnende Potenzial auch auszuschöpfen.

Erst eine Lockerung der alles bestimmenden Erwerbsarbeit macht soziale und kulturelle Arbeit überhaupt bezahlbar. Es sei denn, diese soll einer reichen Elite vorbehalten sein. Wir stehen am Scheideweg unserer Entwicklung:

Wenn wir keine moderne Versklavung der Armen wollen, dann bleibt uns nur eine Abschaffung der größten Ungerechtigkeiten.

Ich weiß nicht, wie unsere Gesellschaft in 50 Jahren aussehen wird. Aber ich bin mir sehr sicher, dass man eine Gesellschaft, in der ein großer Teil der Bevölkerung aus sozialem und wirtschaftlichem Zwang heraus arbeiten musste, irgendwann genauso barbarisch finden wird wie wir heute die Sklaverei.

Langfristig sehe ich eine Verknüpfung zwischen Grundeinkommen, Erwerbsarbeit und Teilhabeprojekten als die ideale Kombination, um das zu erschaffen, was bereits Aristoteles ein „gutes Leben" nannte. Was ein gutes Leben für Sie bedeutet, entscheiden Sie aber natürlich letztlich für sich selbst.

Übrigens: Die Manager an der Spitze arbeiten bereits nach dem Teilhabeprinzip. Ein großer Teil ihres Einkommens stammt aus Gewinnbeteiligungen. Glauben Sie mir, wenn diese schlauen Köpfe ein solches System verwenden, muss an ihm was dran sein. Bedauerlicherweise nutzt der genannte Berufsstand ein solches geniales System nicht nur, sondern er geht oft weiter und nutzt es auch noch aus.

Denn die Gewinnbeteiligungen der Vorstandsetagen werden auch an der Basis verdient. Und auch in den Banken bezahlt man das Fußvolk bei Weitem nicht teilhabend angemessen.

In meinem Bekanntenkreis verdient eine Frau für Akkordarbeit in der Buchhaltung bei einer Bank im Rhein-Main-Gebiet netto 1.300,- €. Das ist viel im Vergleich zu einer Putzfrau und gegenüber einem ALG II-Empfänger geradezu üppig. Aber wenn Sie als Single im Rhein-Main-

Gebiet Wohnung, Fahrgeld, angemessene Kleidung für einen solchen Job etc. bezahlen müssen, haben Sie mit der Putzfrau einiges gemein, z. B. dass die mit steigendem Alter fälligen Zahnarztkosten Ihnen schlaflose Nächte bereiten.

Das Beispiel der Bankmanager mit ihren Gewinnbeteiligungen dient dazu, Ihnen deutlich vor Augen zu führen, dass Teilhabe bereits existiert, nur nicht für alle. Und Sie sehen deutlich an diesem Beispiel, dass es sich um keine Einbahnstraße handeln darf. So wie ein Baum Nährstoffe aus der Erde aufnimmt und seiner Umgebung Früchte schenkt, so dürfen Sie nur nehmen, wenn Sie auch geben.

Wenn Sie teilhaben, dann müssen Sie auch andere teilnehmen lassen.

Es liegt in der Natur des Menschen, dass er mehr für sich erarbeiten und erhalten will. Wenn er zugleich den anderen ihren Teil ebenfalls zukommen lässt, entsteht Wachstum für alle. Sobald wenige sich auf Kosten der Massen bereichern, führt dies auf Dauer in den Abgrund.

Das Modell der Teilhabe könnte übrigens ein großes Problem unserer Gesellschaft mildern: die mangelnde Altersabsicherung und die schwindenden Rentenkassen.

Wenn Sie in langfristige Projekte investieren, könnten diese Ihnen im Alter zu einem netten Zusatzeinkommen verhelfen. Stellen Sie sich vor, Sie würden als junger Mensch, während Ihrer Studienzeit oder während Sie Kinder erziehen, an Projekten auf Beteiligungsbasis mitarbeiten und könnten später von diesen Erträgen leben.

Nachdem wir uns nun ausführlich angeschaut haben, welcher Geist unsere Probleme verursacht: Wo finden wir die Zauberfee, die uns erlöst und uns auf konstruktive Wege führt?

Nun: Der Magier oder die Fee liest gerade diese Zeilen. Die gute und schlechte Nachricht zugleich ist die, dass Sie selbst es sind, der das Hamsterrad anhalten muss. Niemand kann dies für Sie tun. Aber: Es gibt aktuell eine riesige Anzahl anderer Menschen, die ebenfalls nach Auswegen suchen. Das haben Krisen so an sich, dass die Menschen nach Lösungen fahnden. Sie sind also nicht alleine, sondern befinden sich in guter Gesellschaft und können von anderen lernen und sich mit ihnen verbünden. Halten Sie also die Augen auf, es findet sich bestimmt auch für Sie ein gangbarer Weg.

Ich werde Ihnen im Folgenden noch einige interessante Projekte vorstellen, damit Sie sich selbst davon überzeugen können, dass sich momentan etwas wirklich Großes entwickelt. Aufgrund der Vielzahl und ständig steigenden Zahl an Projekten kann dies natürlich nur ein kleiner Ausschnitt sein. Ich hoffe jedoch, Sie finden hier Anregungen für Lösungen. Oder vielleicht initiieren Sie selbst eine neue Bewegung? Das Leben ist wie die Pralinenschachtel von Forrest Gump – immer für Überraschungen gut!

Menschen sind durchaus bereit, Leistungen für eine Gemeinschaft zu erbringen. Vor allem, wenn sie keine Angst um ihr Überleben haben müssen, können sie sich Altruismus überhaupt erst leisten. Sobald der Überlebenskampf vorbei ist, handeln die meisten Menschen durchaus sozial und kooperativ. Soziales Verhalten und Interaktion ist ein zutiefst menschliches Bedürfnis. Wie kann man in Zeiten von Facebook und Twitter immer noch denken, der Mensch würde von Brot allein leben? Wir wollen uns beteiligen.
Es ist zutiefst im Menschen verankert, dass er seine Individualität ausdrücken möchte. Das Schöne am Menschen ist doch gerade seine Vielfalt. Wir haben so lange gegen die

innersten menschlichen Antriebe gehandelt, wenn wir versuchten, ihn zu einem funktionierenden Rädchen in einer anonymen Masse zu machen. Sowohl der Kapitalismus als auch der Kommunismus haben diesen Fehler begangen.

Das 21. Jahrhundert wird deshalb das Jahrhundert sein müssen, in dem wir unsere Widersprüche überwinden und das zu uns und der Natur Passendste versuchen weiterzuentwickeln. Kooperation und Vielfalt werden die Antworten bringen können, die wir so dringend benötigen.

In seinem Buch „Die Marktwirtschaft des 21. Jahrhunderts" schreibt Heiner Flassbeck auf S. 12: „ ... dass die Marktwirtschaft nur überleben kann, wenn wir ein System schaffen, das nicht dazu da ist, einigen wenigen Reichtum zu ermöglichen, sondern das genau umgedreht gestrickt sein muss: Wer allen Bürgern eine systematische Chance auf die Verbesserung ihrer Lebensumstände gibt, kann es durchaus hinnehmen, dass im Zuge dessen ein paar wenige etwas reicher werden als die anderen."

Dem kann ich nur aufrichtig zustimmen.

KAPITEL 16

DANN MACHT DOCH, WAS IHR WOLLT!

„Wer anderen die Freiheit verweigert, verdient sie nicht für sich selbst." (Abraham Lincoln)

Es gibt immer mehr Menschen, die bereit sind, für das Ausleben ihrer persönlichen Anlagen und Bedürfnisse auf Wohlstand zu verzichten.

Sie sind noch in der Minderzahl, aber ihre Zahl wächst.

Als ich damals einem Bekannten erzählte, dass ich mir mit einer Teilzeitstelle mein Grundeinkommen verdienen und in der restlichen Zeit das machen wolle, was mir wirklich am Herzen liegt (dieses Buch, das Sie gerade lesen, beispielsweise), antworte dieser mir: „Sei mir nicht böse, aber das habe ich ja noch nie gehört. Das gibt es nicht." Er war dabei nur aufrichtig und ehrlich, er konnte es sich schlicht und ergreifend nicht vorstellen. Oft ist das Leben keinesfalls von nicht vorhandenen Möglichkeiten geprägt, sondern von einem Mangel an Vorstellungskraft. Und davon sollte man sich nicht bremsen lassen, sondern dafür offen bleiben, dass es vielleicht doch Wege gibt.

Seit diesem Gespräch sind mir ganz, ganz viele Menschen begegnet, die ähnliche Entscheidungen wie ich gefällt haben. Ich hatte das Glück, dass ich immer schon von Zeit zu Zeit auf Personen begegnet war, die solch mutige Entscheidungen getroffen und so kleine Samenkörner für meine eigene Befreiung gelegt hatten. Teilweise haben diese viele Jahre zum Wurzeln gebraucht.

Eine Frau, die ich in jungen Jahren kannte, hatte nach einer abgeschlossenen Ausbildung zur Industriekauffrau entschieden, eine zweite Ausbildung zu machen: als Friseurin. Ihre gesamte Umgebung hielt sie damals für verrückt, weil sie sich gesellschaftlich verschlechtern würde. Was nutzen aber der gesellschaftliche Status und der bessere Verdienst, wenn ein Mensch unerfüllt ist?

Später begegnete mir irgendwann ein Investmentbanker, der entschied, als Kellner zu arbeiten. Nicht weil er kein guter Investmentbanker war, sondern weil er ein glücklicher Mensch sein wollte. Natürlich musste er auf all den Luxus, den er kannte, verzichten. Aber was, wenn Armani-Anzüge einen Menschen nicht glücklich machen können? Er hatte erkannt, dass er sein Glück nur direkt und nicht über den Umweg Geld ansteuern konnte.

Ein weiterer Bekannter von mir war früher erfolgreich im Versicherungsgeschäft tätig. Irgendwann konnte er nicht mehr ertragen, wie Menschen über den Tisch gezogen wurden. Als er einen besonders extremen Fall erlebte, der ihn menschlich tief berührte, hing er seinen Anzug an den Nagel und sagte vor Gericht gegen seinen eigenen Arbeitgeber aus. Das war natürlich das Ende seiner Karriere.

Seine erfolgreiche Familie hielt ihn für eine gescheiterte Existenz. Für mich war er ein Held.

Für andere Menschen mag natürlich auch der umgekehrte Weg funktionieren. Es gibt Menschen aus einfachen Verhältnissen, die innerlich spüren, dass sie wirklich „hoch hinauswollen". Auch diese müssen den Mut haben zu verzichten. Sie werden auf das Verständnis und die Akzeptanz ihrer bisherigen Umgebung verzichten müssen, aber ich kann auch diese nur ermutigen, diesen Weg zu gehen. Sie werden Ihr Leben verschwendet haben, wenn Sie Ihrem inneren Ruf nicht folgen. Sollten Sie zu diesen Menschen gehören, dann wagen Sie es. Sie werden erst wissen, wie es ist, wenn Sie es versucht haben. Haben Sie nie Angst zu scheitern. Gescheitert sind nur die, die nie losgegangen sind.

Ein erstaunlicher Widerspruch der modernen westlichen Welt ist, dass wir uns als Einzelkämpfer sehen, wo wir doch so sehr aufeinander angewiesen und miteinander verknüpft sind wie noch nie zuvor in der Geschichte der Menschheit. Kein Manager kann Gewinne und Umsatzsteigerungen realisieren, wenn er sich nicht auf das riesige Heer an Angestellten seines Unternehmens verlassen könnte. Und er könnte seinen 14-Stunden-Arbeitstag auch nicht bewältigen, wenn es nicht überall Putzfrauen, Friseure, Köche, Bäcker usw. gäbe. Denn ansonsten müsste er sich selber seine Haare schneiden, sein Brot backen usw. Dann wäre es ihm nicht möglich, sein Imperium zu leiten.

Wir sind alle aufeinander angewiesen, deshalb können uns die Lebens- und Arbeitsbedingungen der anderen nicht egal sein. Wenn ein gut verdienender Mensch keine Wertschätzung für all die Menschen aufbringt, die ihm dank unseres arbeitsteiligen Spezialisierungsmodells überhaupt erst ermöglichen, sich dem „Big Business" zu widmen und er sie nicht mittels angemessener Bezahlung teilhaben lassen will, dann

a) können diese sich seine Produkte und Dienstleistungen gar nicht leisten.

b) gefährdet eine solche Einstellung das soziale Gleichgewicht und den sozialen Frieden massiv.

Im Umkehrschluss sollte man sich bewusst macht, dass Manager ein anstrengendes Leben führen, Verantwortung für viele tragen, Spezialkenntnisse und viel Mut besitzen müssen. Wir sollten ihnen ein hohes Einkommen gönnen, denn viele wären nicht bereit, ihr Leben zu führen.

Uns muss klar sein, dass das Funktionieren aller Teile der Gesellschaft Voraussetzung für den Erfolg als Ganzes ist: in einer Firma, einer Stadt, einer Region, einem Land und auf der ganzen Erde.

Der Zugang zu Ressourcen

In Mitteleuropa haben wir eine lange Zeit der starken Entwicklung des Individuums hinter uns. Eine Entwicklung, die die persönlichen Fähigkeiten und Begabungen eines Menschen, seine persönliche Leistung und seinen persönlichen Besitz in den Vordergrund stellte.

Das Problem bei jeder an sich sinnhaften Entwicklung ist eigentlich immer nur deren Übertreibung. Durch die Übertreibung verwandelt sich ein Vorteil zu einem Nachteil. Eine Entwicklung verläuft dann einseitig und bezieht andere Möglichkeiten nicht mehr ein.

Wir können sehr froh sein, dass wir in einer Gesellschaft leben, in der wir frei und unabhängig von unseren Dorfgemeinschaften und Familien wurden. Es ist gut, nicht von Menschen und deren Wohlwollen abhängig zu sein, die vielleicht Druck auf uns auszuüben versuchen. Es ist eine sehr unschöne Erfahrung, auf Menschen angewiesen zu sein, die mit den von ihrer Meinung abweichenden Vorstellungen nicht einverstanden sind.

Diese Vereinzelung des Menschen und die damit einhergehende Abspaltung von der Familie entwickelt sich zurzeit aber auch zu einem Nachteil.

In anderen Ländern, wo dies nicht so ist, ist das Leben durch das engmaschige soziale Netz oft viel einfacher. Ich habe schon immer viele Freundinnen gehabt, die die Nachfahren der einstigen Gastarbeiter waren, und war immer wieder davon beeindruckt, dass sie fast immer Lösungen für alle möglichen und unmöglichen Probleme des Alltags hatten. Irgendjemand hatte immer ein warmes Essen, eine Tasse Tee, eine Umarmung, eine Bohrmaschine oder ein Auto parat, wenn man es gerade benötigte. Die Gemeinschaft von Großfamilien bietet Schutz.

Ich habe aber auch gesehen, wie sehr diese Menschen sich verleugneten, Theater spielten und sich verbiegen mussten, um den Werten ihrer Herkunftsfamilien zu entsprechen. Das machte diese Menschen oft auch unglücklich. Wir benötigen die Geborgenheit und die Unterstützung einer Gemeinschaft, aber ohne ihren diktatorischen und beengenden Charakter.

Dies entwickelt sich vereinzelt bereits. Die Menschen schließen sich zu Sympathie- und Nutzgemeinschaften zusammen. Die modernen Medien und Schlagworte wie Schwarmintelligenz und Shareconomy drücken diese neuen Formen der Unterstützung aus.

Es ist nicht nötig, dass jeder ein eigenes Auto oder eine eigene Bohrmaschine besitzt, aber man benötigt den Zugang zu diesen lebenserleichternden Produkten.

Im 21. Jahrhundert ist es nicht mehr der eigene Besitz, sondern der Zugang zu Ressourcen, der den Schlüssel darstellt. Ressourcen können hierbei materieller als auch informeller Natur sein.

Oft sträuben wir uns, Neues auszuprobieren, weil das bisher nicht Erprobte uns zu unsicher erscheint. Deshalb möchte ich hier beispielhaft einige Projekte vorstellen, bei denen das Ganze bereits funktioniert. Vielleicht fühlen Sie sich sicherer, wenn Sie die Initiative nicht selbst ergreifen müssen, sondern bei bereits erprobten Modellen einsteigen können.

Wohngemeinschaften

Da Großfamilien und Dorfgemeinschaften keine nennenswerte Rolle in unserer Gesellschaft mehr spielen, ist eine Art von Vakuum entstanden. Das Vakuum umfasst sowohl praktische Hilfe als auch emotionale Nähe und geistige Anregung. Es ist jedoch bereits eine Gegenentwicklung am Horizont sichtbar. Immer häufiger schließen sich Menschen aus praktischen Erwägungen zusammen und stellen fest, dass sie obendrein auch noch auf zwischenmenschlichem Gebiet großen Nutzen daraus ziehen.

Beim Thema **WG** denken die meisten an Studenten, die sich mangels Geld eine Wohnung teilen. In der Vergangenheit war das wohl auch das weit verbreitetste Modell. Es gibt jedoch auch völlig andere Formen von Wohngemeinschaften:

- Mehrere Alleinerziehende teilen sich ein Mehrfamilienhaus, damit die Kinder immer Spielgefährten haben und sie sich gegenseitig bei der Kinderbetreuung unterstützen können.

- Eine Bauernfamilie, die sich mit ihrer etwas schwankenden und unsicheren Einkommenssituation nicht richtig wohlfühlte, vermietet jetzt zwei Wohnungen an feste Mieter (Ferienwohnungen vermieten sowieso viele) und hat damit jeden Monat ein festes Grundeinkommen. Gemietet wurden die Wohnungen von Leuten, denen die Nähe zur Natur sowie der Zugang zu Biogemüse wichtig ist.
- Eine Schriftstellerin teilt sich die riesige Altbauwohnung mit zwei Mitbewohnerinnen, weil sie so immer ihren Kater und ihre Grünpflanzen versorgt weiß, wenn sie auf Lesereisen unterwegs ist.
- Ein weiteres Bauernhaus wird von einer ziemlich großen WG genutzt, die ausdrücklich auch verschiedene Lebenssituationen und Altersgruppen mischen wollte. So haben die Älteren jemanden, der ihnen bei körperlich anstrengenden Arbeiten helfen kann, während sie sich um Kinder oder ums Kochen kümmern. Zwei zur WG gehörende Autos sorgen für Mobilität und geschonte Ressourcen.
- Eine ganz andere Motivation hatten vier junge Menschen mit einem guten, aber auch nicht üppigen Einkommen und dem Bedürfnis nach schönem Wohnraum. Anstatt dass jeder eine eigene Wohnung unterhält, leben diese Leute gemeinsam in einer Luxus-Villa inklusive Pool und Putzfrau. Jeder für sich könnte sich das niemals leisten.

Nicht jeder ist WG-geeignet, aber für wen das passt, für den ergeben sich mit solchen Modellen jeweils Möglichkeiten, die sonst nicht zur Verfügung gestanden hätten. Wichtig ist, sich über gemeinsame Ziele und Rahmenbedingungen sehr klar zu sein, damit

Missverständnisse vermieden werden.

Ein weiteres Modell, das in Städten mit knappem Wohnraum und hohen Mieten floriert, ist die sogenannte **Zwischenmiete**. Eine Freundin von mir hatte für einige Wochen eine Wohnung gemietet, deren Eigentümerin verreist war. So hatte die Freundin eine günstige und gemütliche Unterkunft und die Wohnungseigentümerin konnte die Einnahmen für ihre Finanzierung ihrer Reise verwenden.

Urban Gardening

Urban Gardening umfasst als Überbegriff eine Vielzahl von verschiedenen Konzepten und Projekten, die das Gärtnern mitten in unsere Wohnsiedlungen hineintragen. Es gibt eine riesige Zahl von verschiedenen Projekten mit verschiedenen Bedingungen und Ansätzen.

Während der Recherche für dieses Buch stolperte ich darüber, dass in meinem eigenen Stadtteil gerade eine Urban-Gardening-Gruppe am Entstehen war. Das „Essbare Rieselfeld" ist einer der zahlreichen Ableger der Incredible-Edible-Bewegung, die vor wenigen Jahren in der englischen Kleinstadt Todmorden entstand. Wer tiefer in die dahinterstehende Idee einsteigen will, wird hier fündig: http://www.incredible-edible-todmorden.co.uk/. Über das benachbarte Frankreich landete das Projekt schließlich in Freiburg.

Die Idee sprach mich natürlich sofort an. Also ging ich zum nächsten Planungstreffen und blieb dabei, wenn auch in letzter Zeit eher passiv. Dazu muss man wissen, dass ich eigentlich keine Ahnung vom Gärtnern habe, über wenig Zeit verfüge, obendrein Einzelgängerin und gerne autark bin. All das macht aber nichts, jeder kann und darf sich nach seiner Fasson einbringen. Das ist eben das Besondere an solchen Projekten. Die Motivation für die Teilnahme, die eigenen Möglichkeiten und Fähigkeiten sind extrem unterschiedlich. Das ist zugleich die Herausforderung und Chance. Es ist eine der Herausforderungen der modernen Welt, in der Vielfalt keine feindlichen Ansätze, sondern eine Bereicherung wahrzunehmen.

Viele Menschen, die Urban Gardening betreiben, wollen gerne wieder näher an die Natur, sie wollen etwas mit ihren eigenen Händen erschaffen, sie erweitern ihren Horizont, kreieren Erfolgserlebnisse, betätigen sich körperlich und handeln nachhaltig. Aber auch in sozialer Hinsicht sind solche Projekte von unschätzbarem Wert. Ich habe in dieser Gruppe mit Menschen zu tun, mit denen ich sonst vielleicht nie ins Gespräch gekommen wäre. Was schade wäre.

Mein Stadtteil wurde erst vor zehn Jahren errichtet, die letzten Baulücken werden gerade geschlossen. Die Menschen, die hier leben, kommen aus den unterschiedlichsten Ecken Deutschlands und der Welt. Hier kommen Familien mit kleinen Kindern, berufstätige Singles, Rentner, Selbstständige, Studenten, alle Altersstufen, soziale Schichten und Religionen zusammen, um etwas Gemeinsames zu schaffen. Unsere Gruppe hat ein Stück ungenutzte Grünfläche von der Stadtverwaltung zur Verfügung gestellt bekommen, d. h., sie pflanzt mit offizieller Erlaubnis. Da Freiburg an sich eine innovative und „grüne" Stadt ist, gibt es hier in verschiedenen Stadtteilen ähnliche Projekte, die sich wiederum untereinander vernetzt haben, was sowohl dem Erfahrungsaustausch dient als auch die Verhandlungsposition gegenüber der Stadtverwaltung stärkt.

Das „Essbare Rieselfeld" bebaut aktuell im zweiten Jahr diese Fläche mit Gemüse, Kräutern und Blumen. Jeder beteiligt sich so gut er kann.

Und jetzt kommt der Punkt, der immer allen die Sprache verschlägt: Sobald etwas erntereif ist, z. B. Salat, stellen wir ein Schild auf und jeder darf ernten. Wirklich jeder. Auch diejenigen, die sich gar nicht am Projekt beteiligt haben und einfach nur beim Spazierengehen vorbeikommen.

Der Gedanke, Menschen teilhaben zu lassen, die selbst keine Arbeit eingebracht haben, hat für völlige Verwirrung gesorgt. Dass wer nicht arbeitet, nicht essen soll, ist anscheinend tief im Bewusstsein verankert.

Und natürlich ist diese Idee eine Fehlwahrnehmung. Weil es gar keine nicht-teilnehmenden und nicht-teilhabenden Wesen geben kann und Austausch keinesfalls immer direkt geschieht.

Wir alle haben stets Anteil und Nutzen, ohne auch nur darüber nachzudenken: Die Grünflächen gehören der Stadt und wer ist die Stadt, wenn nicht deren Bewohner?

Es ist die natürlichste Form der Verteilung. Wenn wir an unseren Apfelbaum zurückdenken, der seine Früchte allen zur Verfügung stellt, dann sehen wir, dass dieses Prinzip überall in der Natur vorherrscht. Und im Gegensatz zu allem, was uns an berechnendem Handeln beigebracht wurde, handeln wir zum Glück oft verschwenderisch mit unseren Gaben.

Vielleicht erzählt derjenige, der Salat mit nach Hause nimmt, jemand anderen von dem Projekt und dieser unterstützt es durch Arbeit oder eine Spende? Teilhabe ist auf langfristige und indirekte, verschachtelte Effekte ausgerichtet. Teilhabe braucht Weitsicht und Vertrauen.

Wenn wir unsere Gaben verschenken, machen wir die ganze Welt schöner.

Wenn Sie heute mit einem Lächeln durch den Tag gehen, dann werden Sie die Stimmung und Befindlichkeit vieler Menschen um sich herum ebenfalls verbessern, ohne dass diese Sie dafür bezahlt haben. Wenn Sie ein schönes

Kleidungsstück auswählen, erfreuen Sie Ihre Umwelt, ohne dass Sie diese im Einzelnen auch nur wahrnehmen werden. Sie säen Schönheit ohne direkten Nutzen. Wenn Sie Ihren Abfall unterwegs in einen bereitstehenden Behälter entsorgen, anstatt ihn auf der Straße zu verteilen, dann haben viele Menschen, die Sie nicht einmal kennen, einen Nutzen von den sauberen Wegen. Wir alle haben stets Anteil und Nutzen voneinander.

Mein Nutzen daran, Tomaten vorzuziehen, in der Erde zu buddeln und im Sommer Wasser zu schleppen lag nicht in den Tomaten, die ich erntete. Wenn ich vom Beet hochschaute, sah ich, wie Menschen lächelten, ab und an bedankte sich mal jemand im Vorübergehen, ich lerne autark und vernetzt zugleich zu sein. Ich bin eine Stadtpflanze, habe früher erschreckt bei allem gequietscht, was krabbeln konnte. Statt zu einer Psychotherapie habe ich zur Schaufel gegriffen, mich ins Gras gelegt und die Tiere, die da leben, neugierig beobachtet. Der Mensch ist nicht das einzige erstaunliche Wesen auf diesem schönen Planeten. Jetzt weiß ich wieder, dass all das, was da kreucht und fleucht, Leben bedeutet, jeder Teil wertvoll ist und dass ich Teil der Natur und ihrer Vielfalt bin.

Ein anderes Projekt, auf das ich aufmerksam gemacht wurde, ist die sogenannte „**Solidarische Landwirtschaft**". Hier tragen mehrere Privathaushalte die Kosten für einen landwirtschaftlichen Betrieb. Ich selbst habe das noch nicht ausprobiert, aber wen es interessiert, der kann sich hier informieren: http://www.solidarische-landwirtschaft.org/de/.

Neue Arbeitsmodelle

Ich habe zuvor bereits berichtet, dass ich mir mein Existenzminimum mit einer Teilzeittätigkeit verdiene, damit mir die nötige Zeit für meine anderen Arbeiten bleibt: Bücher schreiben, podcasten, bloggen etc.

Und ich bin bei Weitem nicht die einzige, die bereit ist, für mehr Freiheit auf Einkommen zu verzichten.

- Eine sehr gute Freundin hat eine 39-Stunden-Woche, bekommt aber nur 90 % Gehalt. Im Gegenzug hat sie entsprechend mehr Urlaub. Den Dezember arbeitet sie eigentlich nie. Sie genießt lieber die Vorweihnachtszeit, backt Plätzchen, dekoriert die Wohnung, liest Bücher, trinkt Tee, bastelt Lebkuchenhäuser etc. Die 10 % Einkommensverlust empfindet sie nicht als schmerzhaft.

- Ein Verwandter von mir arbeitete immer mehrere Jahre, sparte das Geld und reiste dann drei bis sechs Monate durch Amerika oder Australien. Er konnte sich das leisten, weil er in seinem Job so gut und gefragt war, dass seine Firma ihn nach der Rückkehr immer wieder beschäftigte.

- Ich kenne Leute, die einen Teilzeitjob haben und daneben ein Herzensprojekt als Selbstständige aufbauen. Sollten sie scheitern, waren sie nie aus dem Job draußen, entlasten sich in der Gründungsphase aber, weil der wirtschaftliche Druck so besser auszuhalten ist. Sobald ihre Selbstständigkeit auf sicheren Füßen steht, können sie sich dieser ganz widmen.

Aber nicht nur zeitlich, auch räumlich und organisatorisch werden wir freier und vielfältiger. Das **Homeoffice** ist keine Seltenheit mehr. Ganz von Zuhause aus arbeiten ist aber für die wenigsten ein gutes Modell. Oft gibt es Mischformen aus Kundenbesuchen, klassischer Büroanwesenheit und Homeoffice-Tagen.

Die räumliche Flexibilität erweitert aber unsere

Arbeitsmodelle gewaltig. Blogbeiträge kann man auch im Schatten unter einem Baum verfassen. Artikel für einen Internetshop lassen sich auch von der Couch aus einpflegen. Und neue Modelle wie Crowdworking bessern z. B. das Studenten-Budget auf.

Crowdworking wird u. a. von Firmen wie WorkHub angeboten. Diese stellen Kundenaufträge, wie die Klassifizierung von Webseiten oder das Testen von Apps, online. Wer gerade Zeit hat, arbeitet den Job ab und erhält dafür Punkte, die er sich in „echtem Geld" auszahlen lassen kann. Reich wird man damit nicht, aber Fahrtzeiten in öffentlichen Verkehrsmitteln und Wartezeiten bei Ärzten kann man so gewinnbringend nutzen.

Es gibt auch **Marktforschungsunternehmen**, die ihre Studien via Internet betreiben und dafür kein Geld zahlen, aber beim Erreichen einer bestimmten Punktzahl den Aufwand mit einem Amazon-Gutschein entschädigen. Des Weiteren gibt es Leute, die **Fotos via Internet verkaufen**, professionell im Kundenauftrag **Blogbeiträge** schreiben oder eine kleine Nebenselbstständigkeit mittels eines **Internet-Shops** aufgebaut haben. Das sind nur einige Beispiele, die mir zufällig begegnet sind. Bestimmt ließe die Liste sich noch deutlich verlängern.

Momentan sind dies noch kleine Insellösungen, aber es ist sehr wahrscheinlich, dass solche Konzepte von Einkommensgenerierung aus diversen, sehr flexiblen Quellen eine starke Rolle in der Zukunft spielen werden. Und wenn Sie wollen, können Sie sich sehr risikoarm einmal in solchen Bereichen ausprobieren. Erst wenn man es versucht hat, weiß man schließlich, ob es einem liegt.

Vor einiger Zeit bin ich übrigens auf einen weiteren

Aspekt des mobilen Arbeitens gestoßen. CoWorking Spaces, auch **Office-Sharing** genannt. Der Besitzer der entsprechenden Räume stellt dem CoWorker seine Ressourcen zur Verfügung und bekommt diesen Service bezahlt. Prima daran ist: Man mietet nur, was man braucht und solange man es braucht. Die geringen Kosten und die hohe Flexibilität sind vor allem für kleine Selbstständige und Unternehmen in der Gründungszeit eine interessante Option.

Ich hatte davon gehört, aber bisher nur sehr theoretisch. Meine eigene Tochter arbeitete letztes Jahr in verschiedenen CoWorkingSpaces.

Deshalb beschloss ich, dass ich das selbst ebenfalls einmal versuchen will und nutzte eine Reise nach Nürnberg für einen Praxistest.

Für 19,- € gehörten ein Schreibtisch sowie eine schnelle Internetverbindung einen Tag lang mir. Wenn ich einen Container, einen Riesenbildschirm oder einen Besprechungsraum gebraucht hätte, hätte ich diese oder andere Ressourcen einfach dazu buchen können. Ich hätte mich aber dort aber auch fest einmieten können, mit Geschäftsadresse und Firmenschild an der Tür. Die Schreibtische sind in einer Art Großraumbüro untergebracht. Dementsprechend ist es natürlich etwas lebhaft.

Ohrstöpsel mit meiner Lieblingsmusik entschärften das allerdings sofort und ermöglichten mir das konzentrierte Arbeiten an meinen Texten, obwohl zwei Tische weiter gerade Verkaufsgespräche stattfanden. Zum Entspannen gab es kleine Sitzgruppen, Bücher, Spiele und eine Kaffeebar. Die anderen Anwesenden vor Ort waren oft kleine Start-ups, teilweise auch ziemlich „nerdige" Unternehmertypen. Was ich klasse fand: Im Eingangsbereich gab es eine Anzeigentafel – wer häufiger dort war, konnte sich und seine angebotene Arbeit da vorstellen. Hätte ich also für ein Projekt z. B. einen Webdesigner oder einen Programmierer gebraucht, hätte ich direkt sehen können, wer vor Ort diese Dienste anbietet. Pfiffige Idee.

Tausch & Wirtschaft

Bartergeschäfte sind Geschäfte, die auf **Austausch** beruhen. Der Begriff ist wenig bekannt, aber das dahinterstehende Prinzip ist eigentlich sehr alt.

Bei einem Bartergeschäft werden zwei Dinge von gleichem Wert ausgetauscht, ohne dass Geld gezahlt wird. Im Wirtschaftsleben kam das früher sehr oft vor und erschuf langfristige Geschäftsbeziehungen auf einer Vertrauensbasis.

Der Anthropologe David Graeber, einer der Gründer der Occupy-Bewegung, hat in seinem 2012 erschienen Buch „Schulden – die ersten 5000 Jahre" darauf hingewiesen, dass Geld in früheren Jahrhunderten und Kulturen im Gegensatz zu dem, was uns so beigebracht wurde, gar nicht so oft wirklich den Besitzer wechselte, sondern dass es häufig nur eine Recheneinheit darstellte, damit man gegenseitige Lieferungen beziffern und verrechnen konnte.

Als Ergebnis seiner Recherche stellte Herr Graeber fest, dass Geld früher immer dort geflossen ist, wo keine gegenseitigen Geschäfte und keine Vertrauensbasis vorhanden waren. Es wurde von Soldaten oder von Händlern aus weit entfernten Gegenden verwendet, zu denen keine persönliche Beziehung bestand. Hier genügte Geld nicht als Recheneinheit, sondern musste tatsächlich fließen.

In Zeiten von Geldknappheit nahmen Tauschgeschäfte erfahrungsgemäß zu. Mittlerweile ist oft auch nicht mehr Geldmangel, sondern Vernunft und Ressourcenschonung Grund für den Tausch. Neu ist in den letzten Jahren, ausgelöst vor allem durch den Siegeszug des Internets, dass

Menschen, die weit voneinander entfernt leben, mittels Tauschringen, wie „Tauschticket" zum Beispiel, Bücher und CDs austauschen. Durch Beurteilungssysteme kann man aber trotzdem die Vertrauenswürdigkeit des Tauschpartners einschätzen.

Bei einigen Tauschgeschäften ist dennoch auch weiterhin die räumliche Nähe notwendig. Zum Beispiel gibt es gemeinnützige Vereine, in denen sich Menschen **gegenseitig Nachbarschaftshilfe** leisteten. Damit ein solches System nicht ausgenutzt werden kann, benötigt es immer eine Art Verrechnungseinheit. An meinem früheren Wohnort gibt es einen Verein mit dem Namen „Die Brücke". Ich kenne einen weiteren **Tauschring**, bei dem die gegenseitige Hilfe in einer Einheit mit dem passenden Namen „Talente" verrechnet wird. Denn wir alle besitzen Befähigungen, die für andere hilfreich sind. In solchen Vereinen erleben Menschen, die unserer Wertenorm nicht entsprechen, dass sie durchaus wertvolle Fähigkeiten für die Gemeinschaft besitzen. Ältere Menschen sind in solchen Gemeinschaften z. B. als Kinderbetreuer geschätzt, während die junge Mutter der älteren Dame im Gegenzug die Fenster putzen kann.

Beide Seiten bekommen so ihre Bedürfnisse erfüllt und leisten einen wichtigen Beitrag im Leben anderer Menschen. Wir Menschen sind soziale Wesen, wir lieben es, uns nützlich zu machen und wertgeschätzt zu werden.

Im Internet ist die bekannteste **Tauschseite** aktuell wohl „Tauschticket". Der Name stammt daher, dass man sich seine Bezahlpunkte in Form von sogenannten Tauschtickets erwirtschaften muss. Wenn ein Tausch zustande kommt, ist eine kleine Gebühr an den Betreiber der Seite fällig. Ansehen kann man sich das Ganze unter: http://www.tauschticket.de

Das gleiche Prinzip benutzt auch „swapy", allerdings kostet der Tausch hier keine Gebühr. Wen das interessiert, kommt auf https://swapy.de/ zum Ziel.

Auf http://fribi.com/ werden mittels einer App Freunde aus sozialen Netzwerken angezeigt, die etwas zu verschenken haben.

Weitere Tauschseiten sind:
http://www.tauschgnom.de/,
http://www.game-change.de/
sowie http://www.kleiderkreisel.de/.

Das sind natürlich nur einige Beispiele, es gibt viele mehr. Wichtig ist dabei, dass diese Beispiele zeigen, dass Wertschätzung und Teilhabe alle Beteiligten bereichern. Was wir nicht mehr brauchen, kann für einen anderen wertvoll sein. Also geben wir das Wirtschaftsgut weiter.

In früheren Jahrhunderten war dieser gegenseitige Austausch durch die Familie oder das Dorf geprägt. Der Nachteil des damaligen Systems lag darin, dass Einzelpersonen dort ihre Machtposition missbrauchen konnten. Dem Häuptling kann man sich schlecht widersetzen, wenn einem der Tauschhandel nicht angemessen erscheint, und junge Menschen konnten sich oft nicht gegen das Diktat der Älteren auflehnen.
Dadurch dass sich Menschen heutzutage gegenseitig unterstützen, die nicht zwingend aufeinander angewiesen sind, und durch objektive Maßeinheiten, wird dieses alte und durchaus lang erfolgreiche System aktuell gerade in verbesserter Form neu aufgelegt.

Einer der mächtigsten Faktoren, die geändert werden müssen, ist die Art, wie Banken den **Geldhandel** betreiben.

Dass man alte Konzepte wie eine **Bank** auch neu denken kann, bewies Muhammad Yunus mit der von ihm 1983 gegründeten Grameen Bank. Sie hatte nicht das Erwirtschaften möglichst großer Gewinne zum Ziel, sondern sie wollte mit **Mikrokrediten** das Startkapital für Existenzgründungen zur Verfügung stellen.

Muhammad Yunus ist Professor für Wirtschaftswissenschaften in Bangladesch. Während einer Hungerkatastrophe in seiner Heimat begriff er, was auch Gegenstand dieses Buches ist: Wirtschaft findet nicht in Universitäten und Glaspalästen statt, sondern dort, wo die Menschen leben.

Professor Yunus stellte erschüttert fest, dass es oft nur kleine Beträge waren, die den Menschen fehlten, um sich eine eigene Existenz aufzubauen.

Also griff er in seine eigene Tasche und gab diesen Menschen diese kleine Summe als Kredit. Angefangen hat das Projekt mit 27 Dollar und 42 Familien. Sie haben richtig gelesen, der Finanzbedarf dieser 42 Familien betrug insgesamt 27 Dollar. Professor Yunus gab ihnen also die benötigten 27 Dollar und startete damit eine Erfolgsgeschichte. Mittlerweile sind es mehr als 12 Millionen Familien, denen dank der Grameen Bank bei der Existenzgründung geholfen wurde.

Obwohl es sich um die Ärmsten der Armen handelt, liegt die Rückzahlquote der Darlehen bei beeindruckenden 97 %.

Leider hat die korrupte Regierung von Bangladesch mittlerweile versucht, sich der Grameen Bank zu bemächtigen. Die Idee hinter dieser Bank kann man allerdings nicht zerstören. Sie ist weltweit umsetzbar.

Das Besondere an Professor Yunus ist, dass er sich von schwierigen Situationen nicht abschrecken lässt. Er selbst meinte dazu einmal: „Wenn die Umstände nicht so sind, dass

Sie Ihre Ideen verwirklichen können, dann ändern Sie die Umstände!"

Es gibt in Deutschland in den letzten Jahren einige Versuche, nachhaltig arbeitende Banken auf die Beine zu stellen:

Bei der GLS-Bank kann man z. B. bestimmen, in welche Wirtschaftsbereiche das eigene Geld investiert werden soll. Grundsätzlich werden von der GLS keine Gelder in Bereiche wie Rüstungsgüter und Kernenergie gesteckt.

Auch die niederländische Triodos Bank arbeitet nach dem Nachhaltigkeitskonzept. Sie ist aktuell die umsatzstärkste der nachhaltig arbeitenden Banken und agiert in Deutschland seit 2009 auf dem Prinzip der Direktbank.

Die Umweltbank schließlich konzentriert sich völlig auf Investitionen in Umweltprojekte. Sie ist als Aktiengesellschaft mit Hauptsitz in Nürnberg eingetragen.

Crowdfunding und Crowdinvesting

Ein weiteres interessantes Phänomen ist das sogenannte „Crowdfunding", verdeutscht gerne mit „Schwarmfinanzierung" übersetzt.

Das Grundprinzip ist das folgende: Auf entsprechenden Internetseiten stellt eine Firma, Band oder ein Erfinder das eigene Projekt vor, bewirbt es über soziale Netzwerke, wie z. B. Facebook, Twitter und Co., und bittet um Spenden bzw. Beteiligungen. Die Beteiligungen sind oft bereits mit kleinen Beträgen, z. B. 5,- €, möglich. Entweder kann das Projekt durch sehr viele solcher Kleinbeträge realisiert werden oder jemand beteiligt sich mit einer größeren Summe, bekommt aber dafür Vergünstigungen, sogenannte Perks. Je nach Betrag können diese in einer Danke-Postkarte bestehen oder bietet der Projektverantwortliche auch umfangreiche Perks. Beispielsweise kann der Finanzier (Mit-)Produzent bei einem Filmprojekt werden.

Auf startnext lief 2014 das Projekt „St. Pauli Zoo". Damit sollten 5.000,- € für die Realisierung eines Dokumentarfilms über den Wandel des Hamburger Stadtteils St. Pauli gesammelt werden. Für eine Spende von 5,- € wird man im Abspann genannt, für 15,- € darf man sich den fertigen Film downloaden. Mit 1.000,- € wird man zum Co-Produzenten, ist bei der Premierenfeier dabei, wird auf einen Stadtteilrundgang eingeladen usw.

Aktuell gibt es zum Beispiel ein wirklich riesiges Projekt, bei dem ein 19-Jähriger versucht, 2 Millionen Dollar zu sammeln. Er will damit eine geniale Idee zur Säuberung der Weltmeere von Plastikabfällen umsetzen. Das Projekt sammelt unter https://fund.theoceancleanup.com/ das benötigte Geld. Je nach Spendenhöhe beteiligt sich der Spender an 1, 5 oder 20 Kilo Plastikmüllentsorgung. Für eine Spende von 150,- Dollar bekommt der Spender dann z. B. als Dankeschön ein T-Shirt, das ihn als Unterstützer des Projektes ausweist. Eine Spende von 10.000,- Dollar entspricht dann nicht nur einem Anteil von 1.600 kg gesammeltem Plastikmüll, sondern der Spender darf bei der Umsetzung des Projektes mit dem Team mitkommen.

Die Bandbreite der möglichen Projekte ist dabei riesig – die Grenze liegt dort, wo die Vorstellungskraft endet.

Damit ein solches Projekt erfolgreich ist, bedarf es einiger Vorbereitung, und die dabei aufzubringende Zeit unterschätzt man leicht. Das Konzept muss schlüssig und überzeugend sein, die Person/Firma vertrauenerweckend und die Perks angemessen. Es ist üblich, seine Unterstützer immer gut über den aktuellen Sachstand auf dem Laufenden zu halten.

Wie gesagt, diese Finanzierungs- und Beteiligungsformen stecken noch in den Anfängen, haben aber riesige Zuwachsraten und es könnte interessant sein, diese

Entwicklung im Auge zu behalten.

Ich liebe Crowdfunding-Seiten allein schon deshalb, weil es hier immer interessante Neuheiten und gerade aufkommende Trends zu beobachten gibt.

Für jeden ist hier etwas dabei, reine Spendenprojekte für soziale Zielsetzungen, aber auch Beteiligungen an Geschäftsmodellen. Ich habe an einem Tag z. B. einerseits einem frierenden Indianerstamm Geld für ihre Heizung gespendet als auch Anteilsrechte an Songs in einer Musikdatenbank gekauft.

Meine persönliche Motivation bei letzterem: Ich liebe Musik, bin hier über ein echtes Teilhabeprojekt gestolpert und freue mich schon darauf, „meine" Titel, an denen ich mich beteiligen will, auszusuchen. Das Ganze beinhaltet für mich Freude beim Auswählen der Songs, ich habe potenziell die Möglichkeit, mich an einem späteren Hit zu beteiligen, und selbst wenn die Titel keinen Erfolg haben, habe ich einen aufstrebenden Künstler unterstützt.

So wie ich auf die Unterstützung anderer angewiesen bin, egal, ob emotionaler, finanzieller und informeller Art, so werde ich es auch immer als meine Aufgabe ansehen, andere zu fördern. Mentoring macht Freude.

Die aktuell größte Crowdfunding-Seite ist: http://Indigogo.com/.In Deutschland sind http://startnext.de/ und http://kickstarter.com/ sehr aktiv und erfolgreich. Ein Besuch ihrer Seiten ist bestimmt interessant und inspirierend.

Das mit dem Crowdsourcing verwandte Crowdinvesting bietet via Internet Geldanlegern Beteiligungen an Start-up-Unternehmen an. Die Renditechancen sind hoch – das Verlustrisiko ebenfalls. Das Gebiet ist zwar sehr interessant, denn wer wäre nicht gern beim Entstehen eines neuen Sterns am Firmenhimmels dabei? Da das Ausfallrisiko aber ebenfalls schwindelerregend ist, sei diese Form der Investition Menschen empfohlen, die fundierte Vorbildung mitbringen und die solche Verluste verschmerzen können.

Nachhaltiges Wirtschaften:

Ein „Ula" ist ein **Umsonstladen**. Dort bringen Menschen Dinge hin, die sie nicht mehr brauchen und andere können sich diese kostenlos abholen.

Eine aktuelle Liste der Umsonstläden in Deutschland findet man auf der Seite http://umsonstladen.de/.

In Berlin gibt zusätzlich es den sogenannten „Leila" ein **Leihladen**. Hier leiht man die Sachen, solange man sie braucht, und bringt sie dann wieder in den Leihladen zurück.

Nähere Infos unter http://www.leila-berlin.de/

Eine andere Art, sich sozial zu vernetzten und Dinge wertzuschätzen, entsteht durch sogenannte **Repair-Cafés**. Hier treffen sich Menschen, um Dinge, die nicht mehr funktionieren, wieder in Gang zu bringen. Das macht Spaß, erweitert die sozialen Kontakte und die praktischen Fähigkeiten. Auf der Seite http://repaircafe.org/de/ kann man sehen, ob es in der Nähe etwas Entsprechendes gibt. Falls nicht, kann man das auch ändern und selbst eines gründen. Damit ist man bestimmt nicht allein, denn aktuell gibt es weltweit bereits mehr als 400 Repair-Cafés.

Es gibt übrigens einen Versuch, Kennzahlen für nachhaltiges Handeln auch in Bilanzen einfließen zu lassen. Gemeint ist damit, dass man auf diese Weise darstellen kann, ob eine Firma ihre Angestellten fair behandelt, deren verwendete Rohstoffe nachhaltigem Anbau entstammen, Lieferanten angemessen entlohnt werden und ähnliche wertschätzende Faktoren. All diese Dinge lassen sich in der **Gemeinwohl-Bilanz** ausdrücken. Der Begriff **Gemeinwohl-**

Ökonomie wurde 2001 das erste Mal von Joachim Sikora und Günter Hoffmann in ihrem Buch „Visionen einer Gemeinwohl-Ökonomie" verwendet.

Bekannt gemacht hat diesen Begriff der Autor Christian Felber, der sich mit dem Thema in vielen Büchern auseinandersetzte und maßgeblich an der Entstehung der Gemeinwohl-Bilanz beteiligt war.

Basisdemokratie

Auch auf politischem Gebiet benötigt es unsere Teilhabe. Und zwar mehr als einen Blankoscheck per Kreuzchen alle vier Jahre.

Manchmal erscheint es zutiefst ironisch, was uns da als Demokratie verkauft wird. Jeder kann seine Meinung sagen – aber er bewirkt damit nichts.

Es ist erstaunlich, dass ein kleines und oft auch sehr konservatives Land wie die Schweiz in dieser Hinsicht sehr viel weiter ist als wir Deutschen. Dort gibt es andauernd **Volksentscheide**. Auf allen Ebenen, von der Kommune bis zu landesweiten Entscheidungen, darf das Volk mitreden.

Denn es ergibt ja Sinn, dass diejenigen, die die Suppe auslöffeln, sie sich auch selbst einbrocken. Hätten wir Hartz IV oder den Euro gewählt, wäre die Akzeptanz sehr viel größer. Bisher wird einem politikverdrossenen Volk vorgesetzt, was Politiker, denen nicht gerade das Vertrauen der Bevölkerung gehört, so realitätsfern entscheiden.

Die Schweiz wird demnächst übrigens über das Grundeinkommen einen Volksentscheid durchführen. Ich würde mich sehr freuen, wenn sie es annimmt, denn sie kann es sich auch leisten. Wussten Sie, dass Brasilien das Grundeinkommen sogar schon in seiner Verfassung garantiert hat? Allerdings ist es an die Leistungsfähigkeit des Staates gekoppelt, weswegen es bisher leider noch nicht ausgezahlt wird.

KAPITEL 17

AUF VIELEN WEGEN IN EINE REICHE ZUKUNFT

„Zu haben was man will, ist Reichtum, es aber ohne Reichtum tun, ist Kraft." (George Bernard Shaw)

Fülle lässt sich bei Weitem nicht nur an materiellem Besitz messen. Reichtum können wir auf vielen Ebenen leben. Oft drückt er sich auch nicht in der Quantität, sondern durch die Qualität aus. Gute Lebensmittel zu kaufen statt viele. Nicht nur mehr Freizeit zu besitzen, sondern diese auch sinnstiftend zu verbringen.

Menschen, die viel besitzen, aber diesen Reichtum nicht wahrnehmen und nutzen können, schöpfen ihre Möglichkeiten nicht aus. Dann würde ihnen ein Mehr davon nichts bringen.

Eine Zahl auf einem Kontoauszug oder einem Finanzstatus besitzt diesen Nutzen nicht in allen Fällen. Es gibt Menschen, die nach den Maßstäben eines normalen Angestellten bzw. kleinen Selbstständigen wirklich reich sind, die das selbst so aber nicht wahrnehmen können. Ich bin Menschen begegnet, bei denen war es nie genug. Die Zahl auf ihrem Finanzstatus hat ihnen nicht das geben können, was sie wollten und brauchten. Sie hatten zugleich auch nie gelernt, andere Dinge als Geld oder Prestige als erstrebenswert anzusehen.

Ich habe andererseits auch viele Menschen kennengelernt, die Geld verachtet haben und dabei zugleich auf das Geld anderer angewiesen waren. Kein Geld zu haben ist für die meisten Menschen eben auch keine Lösung. Es braucht unseren vernünftigen Umgang mit Geld.

Weder der Tanz ums goldene Kalb noch das Verteufeln von Geld ist wirklich sinnvoll. Das, was man will, klar anzustreben und dabei umsichtig mit den eigenen Mitteln umzugehen, ist die klügere Wahl. Wenn wir dann noch lernen, mit anderen zu kooperieren, ist das ein sehr vielversprechender Weg.

Solange es noch kein Grundeinkommen gibt, und vielleicht wird es das nie geben, sind wir selbst dafür verantwortlich, uns dem, was für uns Erfüllung bedeutet, in irgendeiner Weise zu widmen. Jeder Tag, an dem wir nicht das leben können, was uns echte Zufriedenheit schenkt, ist ein armer Tag. Unterdrücken Sie nicht Ihre eigenen Werte, sondern geben Sie ihnen Raum und sei er noch so klein.

Es gibt dabei nicht den einen richtigen Weg für alle. Aber wenn wir einen anderen Weg einschlagen wollen, müssen wir dafür immer auch ein wenig ein anderer Mensch werden, als wir bisher waren. Klar wird das jemanden, der „Rich Dad, Poor Dad" von Robert T. Kiyosaki liest. In diesem Buch beschreibt der Autor u. a. die grundsätzlich andere Weltsicht, die verschiedene Gesellschaftsschichten besitzen.

Kiyosaki selbst stammt aus bürgerlichen Verhältnissen. Der Vater seines besten Freundes aber war Unternehmer. Kiyosaki lernte von diesem und hat später viel Geld durch geschickte Investitionen verdient. Er kannte also sowohl die Sichtweise der Wohlhabenden als auch die der „normalen" Menschen.

Kiyosaki sah ebenfalls keinen Sinn im reinen Zusammentragen von Geld, sondern verstand, dass Geld einen Nutzen haben muss. In seinem Fall bemaß Kiyosaki seinen Reichtum an der Zeit, die er nicht gezwungen war zu arbeiten. Nicht weil er ein fauler Mensch wäre, im Gegenteil, er ist sehr fleißig. Nein, er wollte frei sein, seine Zeit und sein Geld in die Dinge zu investieren, die ihm Freude bereiteten.

Kiyosaki selbst ist dabei den Weg des „Big Money" gegangen, um sich diese Freiheit zu erarbeiten, und gibt sein Wissen heute an andere weiter.

Seine Perspektive sollten wir nehmen und noch ein wenig ausbauen. Es gibt einfach Menschen, die Geld nicht interessiert. Dennoch sind wir alle Investoren.

Man kann schließlich nicht nur Geld investieren, sondern jede Ressource, egal, ob materiell oder immateriell. Sie können gar nicht existieren, ohne auch zu investieren. Es ist das Prinzip der Teilhabe. Die Reichen waren sich seiner Kraft und Macht schon immer bewusst gewesen. Nur sollte man nicht nur in den Gelderwerb investieren. In Freundschaften bringen wir beispielsweise Zeit ein. In unsere Kinder stecken wir meist so ziemlich alles, was wir an Zeit, Geld, Aufmerksamkeit, Liebe und Geduld besitzen.

Betrachten Sie Ihr Leben einmal auf diese Weise. Wählen Sie Ihre Werte und tätigen Sie sinnvolle Investitionen. Sehen Sie sich als Investor in sich, in Ihre Umgebung und in die Zukunft. Anregungen für andere Formen des Wohnens, Arbeitens und Lebens haben Sie auf diesen Seiten gefunden und Sie werden noch viel, viel mehr davon entdecken, wenn Sie sich weiter mit dem Thema befassen. Vielleicht kommen Sie auch auf Ideen, auf die noch nie jemand zuvor gekommen ist. Unsere heutigen Vorbilder waren irgendwann einmal auch nur ganz normale Menschen wie Sie und ich. Sie haben dennoch die Welt verändert. Sie und ich können das auch.

Kiyosaki gab in seinem Buch übrigens noch einen wichtigen Rat. Einer, der viel zu selten beachtet wird:

Lassen Sie sich nur von Leuten beraten, die Praktiker auf ihrem Gebiet sind. Wer selbst nie Geld besessen hat, ist kein echter Fachmann für Geldanlagen, sondern Theoretiker. Auch das würde ich wieder auf jeden Lebensbereich übertragen: Wer nie eine funktionierende Beziehung hatte, sollte keine Eheberatung aufmachen. Wer sich nie getraut hat, die sicheren Pfade des Lebens in der Farbe Grau zu verlassen, kann Ihnen keine Ratschläge über ein buntes, wildes Dasein in Freiheit geben. Suchen Sie sich Vorbilder, die Schritte in die Richtung gemacht haben, in die Sie gehen wollen. Wenn Sie überhaupt einen anderen Menschen um seine Meinung bitten, dann nur jemanden, der verstehen kann, was Sie antreibt. Hören Sie ihm zu – und machen Sie dann dennoch, was Sie selbst für richtig halten.

In diesem Sinne habe ich auch dieses Buch geschrieben. Ich habe in meinem Leben Reichtum aus vielen Perspektiven kennengelernt und schon immer die Vielfalt des Lebens geliebt. Ich bin Menschen unterschiedlichster Wertesysteme begegnet. Aus diesem Grund habe ich so unterschiedliche Erfahrungen gemacht. Ich war sowohl die Verwalterin vieler Millionen als auch schon mal Hartz-IV-Empfängerin. Ich habe in den Glaspalästen Frankfurts über die Dächer meiner Heimatstadt geschaut und in deren Schatten lange, philosophische Gespräche mit Obdachlosen geführt. Buchführung und Steuerrecht hat mir ein Wirtschaftsprüfer beigebracht, der stolz berichtete, dass er als Kind Fidel Castro die Hand geschüttelt hatte, weil sein Vater ein glühender Kommunist war. Und Rezepte für das wahre, praktische Leben haben mir u. a. die zahlreichen Putzfrauen gegeben, denen ich begegnet bin. Ich habe Bankdirektoren genauso zugehört wie Bauwagenbewohnern. Durch die Vielfalt und scheinbaren Widersprüche, die mein Leben mir geboten hat, weiß ich:

Unsere inneren Werte sind stets unser wahrer Antrieb. Sie bestimmen unsere Handlungen und bringen somit unser äußeres Leben hervor.

Deshalb bitte ich Sie: Leben Sie Ihre Werte und leben Sie ein gutes Leben ... wie immer Ihre Definition davon aussieht.

BÜCHERLISTE

Wirtschaft/Gesellschaft:

- David Graeber : „Schulden – die ersten 5000 Jahre", erschienen bei Klett-Cotta unter der ISBN 978-360-894767-0
- Christian Felber: „Kooperation statt Konkurrenz", Paul Zsolnay Verlag, ISBN 978-3-552-06111-8
- Peter Plöger: „Einfach ein gutes Leben. Aufbruch in eine neue Gesellschaft", Hanser Verlag, ISBN 978-446-42684-9
- Richard David Precht: „Die Kunst, kein Egoist zu sein: Warum wir gerne gut sein wollen und was uns davon abhält", Goldmann Verlag, ISBN 978-344-215631-3
- Jörg Schindler: „Stadt, Land, Überfluss", Fischer Verlag, ISBN 978-3-596-19888-7
- Robert und Edward Skidelsky: „Wie viel ist genug?", Verlag Antje Kunstmann, ISBN 978-388-897822-7
- Götz W. Werner: „Einkommen für alle", erschienen bei Bastei-Lübbe, ISBN 978-3-404-60607-8

Wer tiefer ins Thema Ökonomie einsteigen will, dem seien die Bücher von Joseph Stiglitz empfohlen. Über die Ursachen der Krise 2008 schrieb er „Im freien Fall – Vom Versagen der Märkte zur Neuordnung der Weltwirtschaft", Pantheon Verlag, ISBN 978-3-570-55165-3.

Selbstverwirklichung und Beruf:

- Timothy Ferriss: „Die 4-Stunden-Woche – Mehr Zeit, mehr Geld, mehr Leben", Econ Verlag, ISBN 978-3-430-20051-6
- Robert T. Kiyosaki & Sharon Lechter: „Rich Dad, Poor Dad – Was die Reichen ihren Kindern über Geld beibringen.", Goldmann Verlag, ISBN 978-3-442-21778-6
- David Lindner: „Kreativ und davon leben", Knaur Verlag, ISBN 978-3-426-87389-2
- Barbara Sher: „Ich könnte alles tun, wenn ich nur wüsste, was ich will", Deutscher Taschenbuch Verlag, ISBN 978-342-334662-7
- Richard Wiseman: „Machen, nicht denken!", Fischer Verlag, ISBN 978-3-596-1966-9 I

ÜBER DIE AUTORIN

Anja Esser wurde am 08. Januar 1969 in Frankfurt am Main geboren. Sie heirate jung und brachte 1987 eine Tochter zur Welt, der sie die Liebe zu Büchern in die Wiege legte.

Anja Esser arbeitete im Bereich von Steuern, Finanzen und Verwaltung. Dabei lernte sie große Industriekonzerne ebenso kennen wie kleine selbstständige Unternehmer.

2011 war für Anja Esser ein Jahr des großen Wandels und legte letztlich den ersten Grundstein für das jetzt vorliegende Buch. Sie kündigte eine sichere Führungsposition im Bereich der öffentlichen Finanzen, zog nach Freiburg und begann sich der Schriftstellerei zu widmen.

2012 erschien ihr erstes Buch "Aniannas Reise - Ein märchenhafter Weg zum eigenen Selbst", welches sich mit den Themen Liebe und Eigenverantwortung auseinandersetzt.

In Anja Esser´s Bücher fließen immer eigene Erfahrungen und Beobachtung sowie die Kommunikation mit ihrer Umgebung ein. Das Hauptaugenmerk liegt dabei darauf, neue Sichtweisen auf die Fragestellungen und Probleme des Lebens zu entwickeln, aus denen sich realisierbare Lösungen ergeben.

Weitere und aktuelle Informationen finden Sie auf ihrer Homepage: http://anjaesser.de/.

www.ingramcontent.com/pod-product-compliance
Lightning Source LLC
Chambersburg PA
CBHW070925210326
41520CB00021B/6804